Planejamento estratégico de marketing

PUBLICAÇÕES
FGV Management

MARKETING

Planejamento estratégico de marketing

Helton Haddad Silva
Evandro Cesar Tenca
Paulo Henrique Schenini

5ª EDIÇÃO

FGV | EDITORA EDUCAÇÃO EXECUTIVA

Direitos desta edição reservados à
EDITORA FGV
Rua Jornalista Orlando Dantas, 37
22231-010 – Rio de Janeiro, RJ – Brasil
Tels.: 0800-021-7777 – 21-3799-4427
Fax: 21-3799-4430
editora@fgv.br | pedidoseditora@fgv.br
www.fgv.br/editora

Impresso no Brasil / *Printed in Brazil*

1ª edição – 2004; 2ª edição revista e ampliada – 2006; 3ª edição – 2006;
4ª edição – 2011; 5ª edição – 2018

Preparação de originais: Sandra Frank
Revisão: Fatima Caroni
Capa: aspecto:design
Editoração: Abreu's System

Ficha catalográfica elaborada pela Biblioteca Mario Henrique Simonsen/FGV

Silva, Helton Haddad Carneiro da
Planejamento estratégico de marketing / Helton Haddad Silva... [et al.]. – 5. ed. – Rio de Janeiro : FGV Editora, 2018.
140 p.

Em colaboração com Evandro Cesar Tenca, Paulo Henrique Schenini.
Publicações FGV Management.
Área: Marketing.
Inclui bibliografia.
ISBN: 978-85-225-2105-0

1. Marketing. 2. Planejamento estratégico. I. Tenca, Evandro Cesar. II. Schenini, Paulo Henrique, 1956- . III. FGV Management. IV. Fundação Getulio Vargas. VI. Título.

CDD – 658.8

Aos nossos alunos e aos nossos colegas docentes,
que nos levam a pensar e repensar nossas práticas.

Sumário

Apresentação

Este livro compõe as Publicações FGV Management, programa de educação continuada da Fundação Getulio Vargas (FGV).

A FGV é uma instituição de direito privado, com mais de meio século de existência, gerando conhecimento por meio da pesquisa, transmitindo informações e formando habilidades por meio da educação, prestando assistência técnica às organizações e contribuindo para um Brasil sustentável e competitivo no cenário internacional.

A estrutura acadêmica da FGV é composta por escolas e institutos, todos com a marca FGV, trabalhando com a mesma filosofia: gerar e disseminar o conhecimento pelo país. Dentro de suas áreas específicas de conhecimento, cada escola é responsável pela criação e elaboração dos cursos oferecidos pela FGV Educação Executiva, criada em 2003 com o objetivo de coordenar e gerenciar uma rede de distribuição única para os produtos e serviços educacionais da FGV.

Este livro representa mais um esforço da FGV em socializar seu aprendizado e suas conquistas. Foi escrito por professores da FGV, profissionais de reconhecida competência acadêmica e prática, o que torna possível atender às demandas do mercado, tendo como suporte sólida fundamentação teórica.

A FGV espera, com mais essa iniciativa, oferecer a estudantes, gestores, técnicos e a todos aqueles que têm internalizado o conceito de educação continuada, tão relevante na era do conhecimento na qual se vive, insumos que, agregados às suas práticas, possam contribuir para sua especialização, atualização e aperfeiçoamento.

Rubens Mario Alberto Wachholz
Diretor da FGV Educação Executiva

Sylvia Constant Vergara
Coordenadora das Publicações FGV Management

Introdução

Este livro tem por objetivo apresentar a teoria e a prática do planejamento estratégico de marketing nos dias de hoje. Fruto de anos de experiência dos autores, tanto no meio empresarial quanto no acadêmico – na FGV –, sua abordagem, além de teórica, é aplicável na administração de negócios.

A importância do planejamento estratégico transcende a prática empresarial. Apesar de muitas vezes mal compreendido e pouco usado, o planejamento é uma ferramenta imprescindível no desenvolvimento de organizações e instituições. Em matéria publicada no jornal *Gazeta Mercantil* de 10 de junho de 2003, o presidente da FGV, Carlos Ivan Simonsen Leal, destaca que este é o papel da FGV: formar mentes brilhantes que possam pensar e planejar estrategicamente nosso país e suas organizações.

O livro se divide em quatro capítulos, que apresentam as etapas da elaboração de um planejamento estratégico de marketing, com análise voltada para a prática do planejamento e destaque para as ferramentas e ações que propiciam sua implantação.

O primeiro capítulo traz o conceito de alinhamento estratégico, ou seja, a busca de um direcionamento da empresa para seu mercado, de modo que os conceitos básicos do planejamento se encontrem claramente alinhados dentro da organização.

O segundo capítulo fala das oportunidades no mercado. É a partir dessas oportunidades que a estratégia empresarial começa a se delinear, com a análise das forças competitivas.

A empresa alinhada e que conheça bem seu mercado pode, então, arquitetar seus objetivos e estratégias. Essa arquitetura estratégica é o tema do terceiro capítulo.

O quarto capítulo apresenta a definição de ações para a implementação do planejamento. Também é detalhada a etapa de avaliação e controle do que foi planejado e está sendo implantado. Traz ainda orientações no sentido de formatar e apresentar o planejamento para obter adesões e melhores resultados.

1
Alinhamento empresarial

Neste capítulo são apresentados os conceitos básicos do planejamento estratégico e como ele pode ser utilizado para realizar o alinhamento de uma empresa às oportunidades de mercado.

Conceitos, críticas e evolução do planejamento estratégico de marketing (PEM)

Planejar é uma atividade inerente ao ser humano. O sucesso da humanidade está muito ligado ao planejamento, utilizado tanto para organizar uma caçada a um mamute na pré-história quanto para realizar uma viagem ao planeta Marte. Todas as pessoas fazem planos na vida cotidiana para atingir metas pessoais e profissionais.

A necessidade do planejamento advém do fato de as atividades humanas exigirem a utilização de recursos, tecnologia, processos e pessoas, coordenados de forma integrada, para que se atinjam resultados. A necessidade é reforçada quando lembramos que essas atividades acontecem numa realidade complexa, caracterizada como um contexto mutável e repleto de variáveis incontroláveis.

O planejamento estratégico pode ser definido como um processo gerencial voltado para criar a adequação dos objetivos e recursos da empresa às mudanças de oportunidades de mercados. Na prática, isso significa planejar de modo que a empresa descubra e aproveite as oportunidades da maneira mais inteligente e compatível com seus recursos (dinheiro, capital humano, intelectual, produtos diferenciados, outras vantagens frente aos concorrentes), estabelecendo objetivos (o que se deseja atingir) e estratégias (como chegar aos objetivos) factíveis (Cobra, 1989). O planejamento estratégico direciona as ações da empresa em busca de resultados, lucros, crescimento e desenvolvimento que assegurem seu sucesso.

Mas por que falamos de planejamento estratégico de marketing (PEM)? Ao agregarmos o conceito de marketing ao planejamento estratégico, ampliamos bastante seu escopo. O resultado disso é a orientação da empresa para o mercado, o que a torna mais competitiva. Portanto, a relevância do PEM é imensa. Contudo, há algumas vozes dissonantes quanto a sua importância, vindas tanto da teoria quanto da prática empresarial.

Alguns exemplos podem ser citados. No livro *Feitas para durar*, que pesquisa o que leva grandes empresas a obterem crescimento e sucesso empresarial, Collins e Porras (1995) questionam a necessidade do planejamento formal, já que várias empresas líderes obtiveram seus resultados, muitas vezes, num processo de tentativa e erro, raramente seguindo um plano estruturado de ações mercadológicas. Quem já não conheceu um empresário de sucesso intuitivo, que construiu um patrimônio milionário sem sequer imaginar o que é um PEM? Como explicar essa situação? Será que planejar é realmente algo tão relevante?

Essas dúvidas se tornam mais complexas em organizações em que o processo de planejamento estratégico existe mas está desacreditado ou tornou-se apenas uma burocrática metodologia imposta pela alta administração, longe da realidade dos negócios.

Quantas empresas não se perdem em orçamentos e reuniões intermináveis, tentando "planilhar" e prever o futuro, sem vincular esse trabalho às efetivas necessidades e possibilidades do mercado?

O resultado pode ser um frustrante e enciclopédico plano estratégico, um calhamaço pouco prático, destinado a ocupar espaço nas gavetas ou nos sistemas de armazenamento digital dos diretores e gerentes, sem de lá nunca mais sair.

O fato de a metodologia do planejamento estratégico ser muitas vezes usada de maneira estática e, por isso, irrelevante, reflete uma visão equivocada e até ultrapassada, pois pressupõe um ambiente de negócios e um mercado relativamente estáveis ao longo do tempo. Talvez esse fosse o retrato dos negócios nos primórdios da teoria do planejamento estratégico, lá pelos anos 1950 e 1960, na realidade norte-americana. Mas o mundo mudou. Em pleno século XXI, temos de repensar a metodologia e a prática do planejamento estratégico, fazendo com que este seja dinâmico, sintonizado com o mercado e antecipador de mudanças. É, sem dúvida, um modo contemporâneo de usar o planejamento estratégico, que se torna o verdadeiro PEM quando a visão de marketing é considerada. Nessa compreensão evoluída do PEM, ele passa a ser ferramenta fundamental na gestão empresarial, pois transforma as atividades da empresa em estratégias claras, servindo, ainda, para o alinhamento da visão dos gestores e direcionamento de recursos, uma excelente forma de se conquistar clientes e mercados.

E vale frisar que o PEM pode ser usado em diversos níveis e situações. Se você for o gestor principal de uma organização, o PEM pode ser a ferramenta de alinhamento entre distintas áreas funcionais e mercados específicos. Mas nada impede você de utilizar o PEM em uma unidade específica de negócio. E, se você atuar numa *startup*, o PEM pode ser o direcionador de seu modelo de negócio e, no formato de um *business plan*, ser usado também como uma ferramenta de busca de investidores.

Componentes do PEM

Quais são os componentes do PEM? Quais as suas etapas e como elas se encadeiam para formar um todo coerente? A figura 1 responde a essas questões.

Figura 1

O PEM em seis passos

O PEM se inicia pela conceituação básica de uma empresa: visão, valores empresariais, políticas adotadas, missão e a própria definição do negócio. O passo 2 considera os fatores críticos de sucesso e avalia os possíveis cenários de negócio. Essa análise se completa com o passo 3, no qual a identificação de oportunidades de mercado é realizada. Esse passo está diretamente ligado à análise do ambiente de negócios, ou seja, ao contexto de mercado mais amplo, externo à empresa, no qual ela atua ou atuará.

Vale frisar que os três primeiros passos do PEM não são sequenciais. Eles são realizados concomitantemente, pois os conceitos analisados no passo 1 podem ser influenciados pelas análises feitas nos passos 2 e 3, o que poderá alterar as políticas, a definição do negócio e até mesmo a visão e a missão empresariais.

O passo 4 é caracterizado pela montagem de uma arquitetura estratégica que permite à empresa aproveitar as oportunidades mapeadas de forma mais estruturada, com a clara definição de seus objetivos e estratégias empresariais. Talvez esta seja a etapa mais complexa do PEM, pois exige muita capacidade analítica, aliada à intuição e à tomada de decisões por parte dos planejadores e gestores.

Mas não adianta ter um ótimo plano que não seja implantado. O passo 5 indica o que fazer para o PEM acontecer na prática, ou seja, define uma programação de ações que serão realizadas para implantar as estratégias e atingir os objetivos propostos. Tudo isso deverá ser feito solidamente embasado em projeções e avaliações financeiras auxiliares ao processo de implantação.

O passo 6 é composto pelo *feedback* e pelo controle do PEM, e não apenas da programação de ações. A resposta do mercado permite que se faça uma reavaliação de todos os passos, num processo de melhoria contínua. O passo 6 não é o final, pois o PEM não se encerra, caracterizando-se como um constante ciclo de crescimento e aprendizagem organizacional.

Discorreremos, a seguir, sobre o passo 1.

Visão – início do passo 1 do PEM

As organizações são criadas e existem para um determinado fim. Quando um negócio é iniciado, os fundadores têm uma visão de futuro e valores pessoais bem-definidos, mesmo que não formalizados. À medida que o tempo passa, muitas coisas acontecem: as condições de mercado mudam, a empresa muda de porte e seu mix de produtos é alterado. Além disso, devido aos mais variados motivos, os fundadores são afastados da administração, ou ficam em posições distantes da maioria dos funcionários. Torna-se necessário, então, que sejam formalizadas declarações de visão, de políticas e dos valores da organização, para orientar e alinhar a direção de todos os que têm interesse no sucesso da empresa, usualmente chamados de *stakeholders*: acionistas, colaboradores, fornecedores, prestadores de serviços, administradores, clientes, governo e a comunidade em geral (Ansoff, 1990:51).

A visão de futuro é o ponto de partida do planejamento estratégico. É o que se idealiza para a empresa. A declaração de visão das organizações deve ser construída com base nos seus valores, sonhos, desejos e ambições, para servir como um norte aos esforços coletivos de seus colaboradores.

A declaração de visão deve ser redigida de forma ampla, para canalizar positivamente todos os anseios coletivos da organização em direção àquele objetivo que é quase impossível de se alcançar: a organização dos nossos sonhos (Armstrong e Kotler, 1995:24).

Vejamos alguns exemplos de visões de empresas brasileiras:

- *Grupo Gerdau* – Ser global e referência nos negócios em que atua.
- *Marcopolo* – Ser um grupo empresarial relevante nos negócios e geografias em que estiver atuando e de sólida imagem socioambiental e econômica.
- *Fundação Getulio Vargas* – Ser reconhecida como instituição inovadora, comprometida com o desenvolvimento nacional, pela formação de uma elite acadêmica, pela geração de bens públicos nas áreas sociais e afins, garantindo sua sustentabilidade econômica com a prestação de serviços de qualidade e elevado padrão ético.

Valores

Por valores são entendidas as crenças básicas, os ideais e ética que são levados em consideração por ocasião da tomada de decisão na organização (Joyce, 1999:32).

As organizações que possuem valores positivos arraigados levam vantagem sobre as demais, porque nos períodos de crise eles são muito importantes na construção da reação da empresa. Não basta que apenas a alta administração esteja sinceramente comprometida com os valores da organização; é preciso que todos os seus colaboradores compartilhem dos mesmos ideais. Empresas com valores indefinidos criam uma ambiência interna com ausência de ética, crenças e ideais. Consequentemente, com muitos caminhos para diferentes posturas e atitudes.

A escala de valores é que define a hierarquia de prioridades em uma organização, assim como serve de base para o estabelecimento das regras de conduta de todos os seus componentes.

É recomendável que os programas de incentivo e os sistemas de avaliação de desempenho das organizações encontrem alguma forma de recompensar os funcionários que apresentarem comportamentos compatíveis com seus valores culturais (David, 1995:251).

Vejamos alguns exemplos de valores:

- *Grupo Gerdau* – Ter a preferência do cliente; segurança das pessoas acima de tudo; pessoas respeitadas, comprometidas e realizadas; excelência com simplicidade; foco em resultados; integridade com todos os públicos; sustentabilidade econômica, social e ambiental.
- *Fundação Getulio Vargas* – Valores institucionais: trata-se de capturar o ideário nacional criando uma imagem multifacetada:

  - É uma instituição com tradição de seriedade e competência com mais de 70 anos de serviços; porém, é inovadora e dinâmica.
  - É uma instituição apartidária, mas com uma forte ideologia do interesse nacional.
  - Preocupada em gerar oportunidades iguais, defende o direito à desigualdade pelo mérito.
  - Tecnicamente procurará ser a melhor em todas as áreas em que atua.
- *O Boticário* – Ética; valorização de pessoas e relações; paixão pela evolução e desafios; comprometimento com resultados.
- *Marcopolo* – Respeito e valorização das pessoas; ética; meio ambiente e comunidades; parcerias; satisfação dos clientes; solidez econômico-financeira.

Políticas

Políticas são as formas pelas quais as organizações se relacionam com seus *stakeholders*, ditando seus escopos de atuação competitiva. A definição de políticas e sua formalização parametrizam os limites da ação individual e servem de referência para decisões (Kotler, 2000:88).

Nem sempre o caminho a seguir é muito claro e nem sempre os colaboradores têm um nível ético elevado. Por isso, é necessário que a organização desenvolva políticas, ou seja, orientações que definam seu padrão ético geral e ao qual todos devam se submeter.

Muitas vezes, os problemas éticos que os profissionais enfrentam não são fáceis de resolver. Alguns julgam que tudo que o sistema de livre mercado e a legislação do país permitem é moralmente correto e passível de ser adotado. Outros julgam que as organizações são compostas por pessoas que possuem uma consciência social, o que não lhes permite fazer determinadas coisas que julgam incorretas, mesmo que aceitas pela sociedade (Thompson, 2000:390). A definição das políticas da organização deve considerar tais aspectos e, usualmente, é agrupada em dois documentos principais:

- o compromisso público, voltado para o público externo, abrange a declaração dos princípios e valores da organização e seus compromissos com os clientes, com os fornecedores, com os sócios e investidores, e com os colaboradores;
- o código de conduta, voltado para o público interno, trata das regras de conduta dos colaboradores e dos sócios envolvidos na gestão do negócio.

Missão

À medida que a organização é implantada e o tempo vai transcorrendo, aumenta a importância de passar a todos uma ideia clara a respeito de qual é seu propósito empresarial atual e futuro. Essa formalização, assimilação e comprometimento pelos colaboradores permitem que a organização se consolide como uma entidade independente de seus fundadores; permitem que ela ganhe vida própria. A declaração de missão deve ser, para os colaboradores, um guia motivador e precisa estar fortemente vinculada às competências da organização (Kotler, 2000:88).

Podemos definir missão como a função ou poder que se confere a alguém para fazer algo, como um encargo, uma incumbência, uma obrigação, um compromisso, um dever a cumprir (Ferreira, 1986:1141). A partir da definição ampla de missão, fica mais fácil entender o significado de missão corporativa, que implica entendimento do propósito de uma organização e de qual é o seu negócio, permitindo o estabelecimento de prioridades, estratégias e planejamento da alocação de seus recursos.

O enunciado da missão deve ser construído visando o longo prazo, pois a definição de missão tem vocação para a eternidade; portanto, é preciso resistir à tentação de alterar a declaração de missão a cada mudança na economia.

Não é raro que as pessoas acabem por confundir os objetivos de curto prazo com a missão da organização, principalmente quando se trata da obtenção de lucros, aumento das vendas ou da participação de mercado.

A construção de uma declaração de missão implica seleção de crenças norteadoras com base na visão empresarial com a qual as pessoas se identificam, depositando sua fé e esperança no futuro.

A declaração de missão é elaborada com a expectativa de que dure para sempre. No entanto, a prática tem mostrado que as organizações devem ficar atentas às modificações do mercado, para atualizar a missão quando necessário. Os interesses dos *stakeholders* influenciam diretamente a definição da missão, conforme demonstrado no quadro 1 (Joyce, 1999:32).

Quadro 1

Stakeholders e variáveis de interesse

Stakeholders	**Interesse**
Acionistas	Retorno do capital investido e perpetuação da empresa
Consumidores	Qualidade, satisfação, preço e prazo
Empregados	Salários, benefícios, qualificação, reconhecimento, estabilidade, condições de trabalho e desenvolvimento profissional
Comunidade	Preocupação com o meio ambiente, qualidade de vida, geração de empregos e renda
Fornecedores	Relações comerciais éticas, estáveis, colaborativas e mutuamente vantajosas
Governo	Geração de tributos, investimentos e colaboração com as políticas governamentais

Para tanto, devem ser observados estes dois aspectos:

- reconciliar e hierarquizar os interesses;
- conciliar os interesses hierarquizados com a missão.

A confrontação dos interesses dos *stakeholders* da organização, conciliados e hierarquizados com os demais aspectos da missão, tais como linha dos produtos a serem ofertados, clientes e segmentos de mercado a serem atendidos e os sistemas operacionais mais eficazes a serem adotados, possibilita-nos estender nossa definição de missão.

A definição de missão no aspecto social nasce do comprometimento da organização com a comunidade na qual está inserida. A crescente pressão da sociedade, consumidores e governo para que as organizações assumam um compromisso com as causas sociais e com a preservação do meio ambiente tem se refletido no escopo do seu negócio e nas suas declarações de missão. Essa demanda social, no curto prazo, pode diminuir sua rentabilidade, mas no médio e no longo prazos resulta em ganhos significativos na imagem corporativa e dos produtos da empresa, proporcionando satisfação e orgulho aos clientes. Apesar de as ações de apoio à preservação do meio ambiente e dos interesses da comunidade representarem um aumento de custo, o que se verifica é que a organização acaba sendo reconhecida e recompensada por seus clientes.

A declaração de missão também precisa responder a algumas questões, agora e no futuro (Drucker, 1973, cap. 7).

- Qual é o nosso negócio?
- Quem é o nosso consumidor?
- Onde será nossa base?
- Quais são nossas prioridades?
- Qual é nossa estratégia de segmentação?
- Como atingiremos isso?
- Qual é nosso desafio?
- Qual é nosso diferencial?
- Com qual finalidade estamos nesse negócio?
- Atendemos a que grupos de interesse?

A declaração de missão deve ser bem divulgada, principalmente entre os colaboradores, com o intuito de desenvolver o senso comum de oportunidade, rumo e significância. Um verdadeiro guia para que os esforços individuais e independentes sejam compatíveis e coordenados com o coletivo.

São exemplos de missão:

- *Grupo Gerdau* – Gerar valor para clientes, acionistas, equipes e a sociedade, atuando na indústria do aço de forma sustentável.
- *Fundação Getulio Vargas* – Estimular o desenvolvimento socioeconômico nacional.
- *Marcopolo* – Desenvolver soluções valorizadas pelos clientes, com base nos princípios da inovação e da sustentabilidade, contribuindo para a evolução do transporte coletivo de passageiros e o progresso social.
- *Uber* – Utilizar a tecnologia para dar acesso a transporte confiável para todas as pessoas, em todos os lugares.
- *Disney* – A missão da The Walt Disney Company é ser um dos principais produtores e provedores de entretenimento e informações do mundo. Usando portfólio de marcas para diferenciar conteúdo, serviços e produtos de consumo, procurar desenvolver as experiências de entretenimento e produtos relacionados mais criativos, inovadores e rentáveis do mundo.

Missão e propósito

Talvez por influência do mundo das *startups*, o conceito de propósito venha sendo muito utilizado, às vezes caracterizado como sinônimo de missão. Nesse caso, ambos os conceitos indicariam a razão da existência da empresa (Chevreux, Lopes e Mesnard, 2017). É comum encontrar no dia a dia empresarial missão e propósito sendo utilizados indistintamente. Mas pode haver uma diferença interessante a ser considerada. A missão é mesmo a razão de ser da empresa, enquanto o propósito indicaria os porquês das ações da empresa, as intenções e impactos no mundo que a empresa gostaria de concretizar (Marques, 2017). Assim, propósito e missão seriam conceitos complementares, ambos podendo ser utilizados para motivação, envolvimento e alinhamento dos colaboradores da organização.

Definição do negócio

Os planos estratégicos das grandes organizações dividem-se em quatro níveis: o plano corporativo (o mais amplo), o plano de divisão, o plano das unidades estratégicas de negócios e o plano de produto (o mais restrito). São traçados a partir da alta administração com a intenção de orientar toda a organização. As empresas menores podem e devem eliminar alguns níveis de planejamento, tendo em vista que, devido ao porte da organização, eles ficam sem sentido prático (Kotler, 2000).

Para realizar um planejamento estratégico completo, precisamos definir qual é o negócio, ou quais são os negócios da organização. Essa providência sempre requer algum esforço, pois há muitos fatores internos (endógenos), tais como o processo tecnológico empregado ou os modelos dos equipamentos utilizados, que podem interferir na definição.

As organizações costumavam definir seus negócios a partir de suas capacidades produtivas, ou dos seus produtos, esquecendo que os fatores externos (exógenos) são os mais importantes. Como os negócios da empresa poderão mudar, as oportunidades geradas pelo mercado (fatores exógenos) devem ter uma posição de destaque. Assim, as necessidades e desejos dos consumidores atuais e potenciais deverão servir como base para uma definição mais adequada (Kotler, 2000).

As respostas às seguintes perguntas nos auxiliam na formatação da definição dos negócios.

- Quais os benefícios que o consumidor busca ao adquirir nosso produto ou serviço?
- Quanto nossa oferta proporciona ao consumidor em termos de relação custo/benefício?
- Como poderemos desenvolver uma oferta de valor superior, para proporcionar mais satisfação a nossos clientes atuais e futuros?

As organizações estão em um ambiente altamente competitivo, sujeito a constantes mutações. Por isso, a construção da definição de negócio precisa ser suficientemente abrangente, para não criar uma camisa de força para a organização. A definição de negócio não pode funcionar como um limitador de operações, mas sim como catalisador dos esforços da organização para se manter em movimento, atendendo os clientes atuais e preparando-se para atender os clientes futuros, sempre considerando as ações da concorrência, do governo, da comunidade e dos fornecedores.

Vejamos alguns exemplos de definição de negócio:

- *Editora Abril* – Informação, cultura, entretenimento e educação.
- *Serasa* – Soluções em informações.
- *Empresa de gás liquefeito* – Qualidade de vida e energia.

Diferenças entre visão, missão e definição de negócio

Há certa confusão entre os conceitos de visão e missão, porque ambos são conceitos enunciados de forma objetiva e positiva, a partir da alta direção, e compartilhados por todos os *stakeholders*, além de terem praticamente a mesma finalidade, ou seja, dar direção e foco à organização. Para que as diferenças entre os conceitos fiquem claras, vamos comparar as características de cada um.

- A *visão* é definida de forma ampla e inspiradora. Com foco no futuro, é mutável em função dos desafios que se apresentam. Traduz o que projetamos para o negócio, ou seja, aonde ele deve chegar.
- A *missão* é definida de forma factível e estimuladora, orientada para o futuro a partir do presente, com a intenção de ser permanente. É o ponto de partida, identifica o negócio, dando rumo à organização.

A visão e a missão não devem ter limite temporal. Entretanto, necessitam de validação periódica.

O conceito de definição de negócio também não pode ser confundido com a visão e a missão. A definição de negócio é dada pelo conjunto de necessidades básicas do mercado que a empresa visa atender de forma superior e sustentável, como está no quadro 2.

Quadro 2

Resumo de visão, missão e definição de negócio

Visão	O que a empresa deseja ser no futuro.
Missão	A razão de ser da empresa hoje.
Negócio	Necessidades do mercado atendidas pela empresa.

Fatores críticos de sucesso – início do passo 2 do PEM

Existem fatores que contribuem mais que outros para o sucesso de uma organização. Por meio da mensuração desses fatores, poderemos avaliar desempenhos, acumulando informações que serão muito úteis na seleção das estratégias a serem adotadas agora e no futuro, permitindo à organização prosperar mesmo em mercados altamente competitivos.

Para que a organização atinja seus objetivos, é necessário que seu desempenho no gerenciamento desses fatores considerados mais importantes – os chamados fatores críticos do sucesso (FCS) (Thompson, 2000:117) – seja excelente, considerando as já comentadas dificuldades criadas pelas constantes alterações do ambiente de negócios.

Em uma organização existem muitos FCS possíveis (Thompson, 2000:117). A seguir temos alguns exemplos:

- reputação de solidez financeira;
- qualificação da administração;
- conhecimento do mercado;
- imagem com os *stakeholders*;
- equipamentos disponíveis e tecnologia empregada;
- relacionamento com os fornecedores;
- *expertise* no controle dos custos;
- localização (ponto);
- linhas de produtos e serviços;
- *expertise* nos canais de distribuição e logística;
- *expertise* em campanhas promocionais.

O ponto de partida para uma lista de FCS é a identificação dos fatores decisivos para o sucesso da organização no longo prazo. Convém não esquecer que os FCS, dentro de uma perspectiva de longo prazo, não serão necessariamente coincidentes com as atuais capacidades da empresa.

Para exemplificar o processo, vamos supor que a sua organização tenha *expertise* em campanhas promocionais e você considere isso um FCS. O primeiro passo – a identificação do FCS – foi dado, mas para a continuidade do planejamento é preciso algum tipo de acompanhamento. Para a construção desse processo, é necessário selecionar algum indicador que nos auxilie no seu monitoramento. São muitas as possibilidades. Vamos supor que nossa organização seja um *shopping center* com *expertise* em campanhas promocionais. O acompanhamento do FCS pode ser feito por meio de vários possíveis indicadores, tais como: número de veículos estacionados durante o período da campanha, geração adicional de tráfego (número de visitantes no *shopping center*), ou mensuração do aumento no faturamento do empreendimento durante o período da campanha.

Análise de cenários

O mercado é constituído por consumidores e possíveis consumidores (*prospects*), num ambiente muito vulnerável às condições temporais de economia, política e inúmeros aspectos comportamentais. Devido a essa complexidade de influenciadores e incertezas, é necessário que se criem e se analisem os diversos cenários e suas tendências.

Como acontece no mundo das artes cênicas, cenário designa o conjunto de diversos materiais para criar a realidade ou a atmosfera para ação. O cenógrafo é o técnico que vai pesquisar, criar e montar o cenário mais adequado para a ação desejada.

Um planejamento estratégico que não contenha uma boa análise de cenários será fatalmente passível de muitos questionamentos quanto à sua viabilidade. Por outro lado, quando um planejamento estratégico contém uma boa análise de cenários, ganha credibilidade. O responsável consegue maior grau de confiabilidade de todos e, consequentemente, chance de aprovar mais rapidamente seu planejamento. E quanto menor for a quantidade de questionamentos aos objetivos e aos aspectos estratégicos, mais confortável se sentirá para apresentar e defender seu planejamento. A aceitação dos cenários analisados será a base para criar um clima favorável ao seu planejamento. Veja, no quadro 3, a utilidade da análise de cenários.

Para que você entenda a utilidade prática do que mencionamos, vamos imaginar a seguinte situação: foi-lhe solicitado um planejamento estratégico para o lançamento de um produto no mercado e você fez tudo muito benfeito, só não fez a análise de cenários. Você está com tudo pronto para a apresentação à diretoria da empresa. Inicia falando do produto, da concorrência e das oportunidades de mercado, demonstrando que o lançamento será um sucesso. No meio da sua apresentação, um diretor pergunta: "Mas este planejamento é para três anos, como você está supondo que o Brasil estará? Este preço que você está projetando para o produto é com que inflação, qual nível de desemprego? E a matéria-prima para o produto, será fácil importar? E a taxa do dólar, vai ficar como hoje? Vai cair?".

Quadro 3

Utilidade da análise de cenários

- Compreender os aspectos favoráveis e não favoráveis à introdução ou manutenção de um produto ou serviço num determinado macroambiente.
- Efetuar o planejamento em bases de elevada realidade.
- Criar consciência empresarial sobre os aspectos macroambientais desfavoráveis, imutáveis, bem como sobre aqueles onde a empresa poderá atuar, modificando-os.
- Consolidar as oportunidades do planejamento, com base nas oportunidades presentes na macroambiência.
- Criar um alinhamento estratégico entre as macrotendências e o produto ou serviço em planejamento.
- Auxiliar nas definições de ações para o sucesso do planejamento.

Acreditamos que você estaria bem-preparado e teria todas as respostas.

Mas aí está a questão: não teria sido melhor você falar desses cenários e tendências projetadas, logo no início da sua apresentação, mostrando maior solidez no planejamento?

Por exemplo: se o produto for um supérfluo e a economia estiver recessiva, provocando desemprego, juros altos, menos dinheiro no bolso do consumidor, será que as quantidades de vendas projetadas refletirão esse macroambiente? E se o cenário for de pleno crescimento do emprego e do produto interno bruto (PIB), será que o planejamento estará coerente com essa tendência positiva?

As empresas não param de planejar o futuro só porque o cenário não está favorável. É justamente em tempos assim que as organizações mais valorizam os profissionais com capacidade de realizar ótimos planejamentos, em bases reais e minimizando riscos.

Cenários e sua vida profissional

Neste momento você pode estar se perguntando se tem mesmo de saber fazer isso.

E aí vai a resposta direta e contundente: fazer um bom planejamento estratégico, começando por uma excelente análise de cenários, coerente com todo o planejamento, com visão ampliada e percepção do produto no seu macroambiente é a característica que mais diferencia um bom profissional de outro. É justamente de profissionais assim que as empresas estão precisando. Não basta a percepção ótima do produto; é preciso entendê-lo no seu macroambiente presente e em relação às principais tendências futuras. Lembre-se: é preciso ver o futuro antes que ele chegue (Prahalad e Hamel, 1997).

Traçando cenários

Na definição de itens importantes para se estruturar o cenário, há variações de negócio para negócio. Alguns itens podem ser específicos para determinado negócio e você terá de perceber isso. Dispense todo cenário que não interfira no sucesso do seu produto ou serviço.

O conjunto dos cenários terá de ser conclusivo, formando assim uma espécie de norteador para decisões no planejamento.

Para começar, pense macro. Ou seja, já de posse de resumos (revistas de negócios, jornais, estatísticas e publicações específicas) dos principais cenários que afetam seu negócio, antes de escrever sobre cada um deles, use a seguinte técnica: pense sobre os aspectos macro mais relevantes. Vá fazendo suas anotações (muito resumidamente) sobre os tópicos apresentados no quadro 4.

Quadro 4

Tópicos para análise de cenários

Tópicos	Itens sugeridos para análise (quais e em que tempo)
Turbulências	Mudanças fortes no governo, trocas de ministros, guerras, reformas e novas leis.
Incertezas	Variação nos preços, nos juros, no emprego, na taxa de câmbio.
Ambiguidades	Desemprego alto e maior consumo devido a baixo rendimento da poupança ou estocagem por receio de inflação futura.
Dados estatísticos	Verificar a veracidade e seriedade das fontes.
Custos	Aumento devido a taxas de importação ou exportação, escassez por forte demanda. Dificuldade com pessoal qualificado.
Matéria-prima	Dificuldades de produção, razões ecológicas, entressafra.
Governo	Alteração nos licenciamentos ou na tributação. Proibição de venda, importação ou produção.
Sociedade	Greves, pressões de grupos étnicos, religiosos, sindicatos e de proteção ao meio ambiente.
Tecnologia	Desconhecida, muito cara. Necessidade de contratar estrangeiros.
Consumo	Variações devidas a modismos.

Nessa fase do trabalho de planejamento, é sempre bom trocar ideias, ouvir pessoas que você respeita e que possam aprimorar suas avaliações. Quando suas avaliações estiverem concluídas, ainda como anotações e rascunho, você terá conseguido uma primeira visão do macroambiente e estará pronto para iniciar a análise de cenários que constará de sua apresentação formal e final.

Cenários: como apresentar a análise final

Se você já tem uma ótima definição dos macrocenários que influem diretamente no seu negócio e já fez uma ótima coletânea de informações objetivas e atualizadas sobre esses cenários, é o momento de começar a preparar a análise final.

É preciso escrever pouco e convencer.

No passado, era bonito escrever páginas e páginas sobre cenários. Hoje, isso é considerado perda de tempo para a maioria das empresas. Diretores e gerentes de primeira linha têm de administrar a utilização do tempo. Estão todos sobrecarregados de atividades, com pouco tempo para leitura de coisas dispensáveis. Os resumos benfeitos são fortemente desejáveis. Os recursos da informática tornam os demonstrativos e relatórios muito mais ágeis, ordenados para o rápido entendimento. Não só as cartas comerciais e as comunicações internas estão mais rápidas para ler; os planejamentos também.

Se você vai falar, por exemplo, sobre a questão do real *versus* dólar, seja objetivo. As pessoas que vão ler o planejamento certamente são da diretoria da empresa ou da gerência de primeira linha e estão a par dos fatores que influenciam as taxas. Sobre isso você não deve escrever, pois seria diminuir o nível de quem estará avaliando o planejamento. Diga apenas qual cenário você está estimando e por quê. O mesmo cuidado deverá ser dispensado aos outros cenários.

Na maioria das empresas, os dirigentes não gostam de ler enormes planejamentos. A preferência é por textos claros e de elevada assertividade. Descreva os macrocenários em uma ou duas páginas, no máximo.

Para facilitar, apresentamos no quadro 5 uma listagem com os cenários mais usados em planejamentos estratégicos orientados para o mercado.

O quadro 5 deve ser preenchido sinteticamente, quase como uma chamada de notícia de jornal. Se conseguir que os cenários caibam em uma página, num corpo de letra legível, você estará passando uma adequada visão de conjunto para quem for ler a sua apresentação do planejamento.

No quadro 6, damos um exemplo, no item economia, para você ver como é possível passar a informação necessária.

Quadro 5
Cenários mais usados

Elemento ambiental	Características e eventos relevantes	Tendências e projeções	Possíveis consequências para o produto
Economia			
Legislação			
Tecnologia			
Sociocultural			
Político-ideológico			
Comércio exterior			
Tributação			
Globalização			
Ecologia			
Rejeição popular			
Consumo e moda			

Fonte: adaptado de Mattar (1999:106).

Quadro 6

Exemplo de preenchimento de quadro de cenário

Elemento ambiental	Características e eventos relevantes	Tendências e projeções	Possíveis consequências para o produto
Economia	Inflação	Estável	Bom momento para exportação
	Taxa de juros	Em ligeira alta	Consumo interno aquecido
	Câmbio	Dólar abaixo de R$ 2	
	Emprego	Taxa de emprego em alta	

Os elementos ambientais serão definidos por você, pois serão diferentes, adequados para cada PEM. Veja o significado de alguns dos termos mais utilizados:

- sociocultural = hábitos e/ou tradição de grupo(s) específico(s) da população que podem ter consequências na performance do produto;
- político-ideológico = por influências partidárias ou não, princípios abstratos que afetam fatos e comportamentos, podendo impactar a performance do planejamento ou implementação do produto;
- globalização = oportunidades ou dificuldades para o produto, devido ao seu mercado nacional e internacional;
- rejeição na população = rejeições ao produto devido a agressões ecológicas, imagem da empresa, conceito de uso do produto, comunicação agressiva ou estranha inovação de produto;
- ecologia = bases e fontes da matéria-prima, conceitos sobre essas bases ("fazem mal à saúde do homem", "destroem ou maltratam animais"); efeitos na mata, camada de ozônio, crianças;
- consumo e moda = se a moda existiu, existe ou terá de ser criada; moda em decadência; moda em crescimento; moda ainda a chegar ao Brasil, com grandes oportunidades;
- tributos = impostos e outras taxas de tributação.

Não dê informações demais. Os cenários mencionados têm de ser todos aqueles que realmente terão influência no negócio. Nenhum cenário dispensável deverá ser incluído. Seria informação demais, principalmente para a análise conclusiva.

Ao ler cada uma das quatro linhas, na vertical, a visão de conjunto tem de ser correta e completa. Ao ler: economia, legislação, tecnologia, até consumo, o leitor terá a informação completa dos cenários relevantes para o planejamento.

Em características e eventos relevantes, o leitor terá o cenário mais correto para o negócio, na atualidade. Em tendências e projeções, estará o conjunto de cenários em termos de tendências e projeções para o período a que se propõe o planejamento. Em possíveis consequências para o produto, teremos um resumo completo do cenário de macroambiência.

Ao ler cada um dos itens que constituem as características e eventos mais relevantes do cenário macro para o planejamento, na horizontal, você terá, de forma clara e muito resumida, a situação atual do ambiente e suas tendências.

E o mais importante: o PEM, em oportunidades, previsão de vendas, lucratividade, estratégias e táticas, tem de ser coerente com o cenário apresentado por você.

Em seguida ao quadro 5 já descrito, é importante fazer uma análise conclusiva sobre os cenários apresentados. A redação desta poderia parecer dispensável, tendo em vista que o quadro já é autoexplicativo. Entretanto é necessário fazê-la porque é interessante criar um encaminhamento de raciocínio a todos aqueles que, direta ou indiretamente, estarão aprovando ou implementando o projeto.

Faça uma redação totalmente baseada no cruzamento dos dados mais relevantes estrategicamente, já descritos no quadro 5. Aproveite para atestar se o PEM tem base positiva em relação aos principais macrocenários.

2
Identificando oportunidades

O que diferencia um excelente PEM de um PEM básico é a oportunidade de negócio identificada e implementada, sempre com um diferencial competitivo sustentável. Neste capítulo, discutiremos como você pode identificar essas oportunidades e utilizá-las no seu PEM.

Oportunidade de negócios – início do passo 3 do PEM

Um ótimo PEM transforma problemas em oportunidades de negócios, para atingir objetivos empresariais. As pesquisas e inteligências de marketing chegam à sua competência máxima quando conseguem detectar oportunidades de negócios, que podem estar num novo mercado, novo produto ou inovação tecnológica. Uma vez detectada uma oportunidade por meio de, por exemplo, uma pesquisa de mercado, já há o mérito dessa descoberta, mas não é o suficiente para se obter um enorme sucesso. É preciso que se crie um diferencial competitivo sustentável nessa oportunidade de negócio.

Se você quer realizar um PEM excelente, para ser reconhecido pela empresa e pelo mercado, não faça apenas boas pesquisas internas e externas. Faça pesquisas com um objetivo maior: descobrir oportunidades de negócios para seu produto/serviço já existente, para novos produtos, para um novo setor da sua empresa, ou, até, uma nova empresa para a sua corporação. *Opportunus*, em latim, significa "conveniente", "adequado" (Ambrósio, 2002:33). Ou seja, uma "oportunidade de mercado" indica algo conveniente e adequado a esse mesmo mercado. No passado, bastava criar novas embalagens, sabores, aromas, pequenos detalhes para novos usos ou alguns itens interessantes no produto/serviço e já havia aumento de vendas. Na atualidade, mudanças óbvias podem, no máximo, permitir a sobrevivência do produto por algum tempo. Com a globalização e a concorrência crescente, os planejamentos estratégicos têm de propor a inovação com ótimo diferencial competitivo, para constituir uma oportunidade de negócios.

A chave do sucesso é saber ouvir o mercado comprador. O mais interessante não é ouvir o que ele compra, mas sim o que ele gostaria de comprar e não encontra. O ideal é conseguir um ótimo diferencial competitivo que constitua uma oportunidade de negócios ou uma nova unidade de negócios para sua empresa.

A oportunidade e o PEM

Você deve estar se perguntando em que momento da elaboração do PEM deve definir a oportunidade. A base do trabalho está nas pesquisas internas e externas e em análises realizadas ao longo do planejamento, procurando sempre detectar oportunidades.

Feito isso, você poderá fazer a análise da situação e traçar os objetivos de marketing. Pode ser necessário rever ou ajustar a missão da empresa, visando coerência com os objetivos de marketing da oportunidade que norteará estrategicamente o PEM.

Resumindo: não é após analisar a situação e definir os objetivos de marketing que você vai buscar oportunidades. Esse caminho leva a limitações de percepção.

Vamos dar um exemplo real e prático para esclarecer: a empresa Arisco era líder em temperos prontos no Brasil. Se o objetivo tivesse sido manter a liderança em temperos, ela provavelmente teria criado novos produtos e teria mantido a liderança nesse mercado específico. O fato é que a Arisco foi primeiro procurar oportunidades no mercado de alimentos para depois criar objetivos de marketing. Com isso, a empresa aumentou sua participação nesse mercado, com uma linha muito diversificada e um faturamento muito maior do que teria se estivesse limitada ao mercado de temperos. O negócio se ampliou a tal ponto que foi vendido para a Best Foods e depois incorporado pela Unilever (Unilever, s.d.). Os antigos controladores da Arisco migraram para a empresa Hypermarcas.

Concluindo:

- detecte oportunidade no mercado;
- faça a análise da situação e defina objetivos refletindo a oportunidade detectada;
- elabore as estratégias baseadas em diferencial competitivo e como suporte à viabilização e realização dos objetivos.

As análises para oportunidades

Em mercados altamente competitivos, além das pesquisas tradicionais, é preciso fazer análises com metodologia que auxilie na percepção e nas decisões de marketing. A corrida é acelerada e confusa. Há empresas que preferem estar de motoristas, ou seja, condutores do mercado. Há empresas que acham mais fácil ir de carona e deixar que os concorrentes determinem os caminhos que vão trilhar (Prahalad e Hamel, 1997). E o mais grave: há empresas que não dirigem, não vão de carona e vivem distraídas e atropeladas pelo mercado e pelos concorrentes. Por incrível que pareça, o mais confortável é ser "motorista". Dá mais trabalho, mas o risco é menor. Para tanto, é preciso estar sempre atento a oportunidades e ter muita competência em planejamento e implementação. Mas vale a pena.

As melhores metodologias de análises de mercado são demonstradas em matrizes que têm as seguintes vantagens:

- são ágeis para fazer;
- resumem muitas informações em um *chart*;
- os meios de informática ajudam a fazer modelos;
- valorizam a análise;
- evitam escrever muito para explicar uma conclusão;
- são mais convincentes que as mesmas informações redigidas;
- possibilitam cruzamentos de informações;
- valorizam o PEM pela técnica metodológica;
- agilizam o entendimento para quem lê o PEM;
- proporcionam mais qualidade como apoio visual.

As matrizes

As matrizes, além de viabilizar e agilizar as análises, têm uma importante função que é quantificar as análises de marketing que normalmente são qualificativas e, portanto, passíveis de questionamentos nas reuniões para aprovação do PEM. As análises devidamente quantificadas dão mais qualidade e credibilidade ao seu projeto.

As matrizes mais utilizadas e que é preciso saber fazer são:

- Swot;
- análise das forças competitivas;
- CVA – *customer value analysis*;
- matriz de Ansoff.

Cada uma delas será discriminada a seguir.

Swot

É a mais simples das matrizes. A Swot (*strengths, weaknesses, opportunities and threats*) já é usada há muitos anos para um demonstrativo básico e sempre necessário em um PEM. Swot é um demonstrativo qualitativo de aspectos positivos e aspectos negativos de seu produto. Pelo poder de síntese, a Swot auxilia na percepção do conjunto das variáveis controláveis e incontroláveis, facilitando sua análise (Kotler, 1996:85).

A matriz Swot é sempre feita em quadrantes, ou seja, em quatro quadrados exatamente iguais (figura 2). As medidas dos quadrantes você fará com espaço suficiente para colocar todos os tópicos necessários (um em cada linha). Se você fizer uma listagem muito grande, ficará confuso e pouco analítico. Normalmente, quatro a seis tópicos por quadrante serão suficientes para os fatores mais relevantes em relação ao seu PEM.

Figura 2
Matriz Swot

Forças *Strengths*	Fraquezas *Weaknesses*
Oportunidades *Opportunities*	Ameaças *Threats*

Construindo os quadrantes, temos:

- *pontos fortes* – aqui você vai listar em tópicos os aspectos mais positivos da organização em relação a seu produto, serviço ou unidade de negócios. São variáveis com boa possibilidade de controle pela sua empresa e fatores de elevada importância para o seu PEM;

- *pontos fracos* – aqui você vai listar em tópicos os aspectos mais negativos da empresa com relação a seu produto, serviço ou unidade de negócios. São variáveis com boa possibilidade de controle pela sua empresa e fatores de elevada importância para o PEM;
- *oportunidades* – aqui você vai listar em tópicos os aspectos mais positivos em relação ao mercado, para seu produto, serviço ou unidade de negócios. São variáveis normalmente incontroláveis pela sua empresa e fatores de elevada importância para o seu PEM;
- *ameaças* – aqui você vai listar em tópicos os aspectos externos mais significativos para inseguranças quanto ao sucesso do seu produto, serviço ou unidade de negócios. São variáveis normalmente incontroláveis pela sua empresa e fatores de elevada importância para o seu PEM.

Veja no quadro 7 algumas sugestões para você analisar a Swot.

Você já percebeu que a matriz Swot resulta numa análise muito prática dos aspectos que serão contemplados estrategicamente no seu PEM, tais como vantagens a serem utilizadas, aspectos que requerem ações para aperfeiçoamento e adequação pelos riscos que representam. Como na vida, em um PEM nem tudo é problema. Mas quem pensa estrategicamente tem, por hábito, um certo prazer pessoal e profissional na habilidade de transformar problemas em oportunidades.

Quadro 7

Sugestões para análise Swot
(pontos fortes × pontos fracos; oportunidades × ameaças)

Forças	Fraquezas
• As competências essenciais da sua empresa • As competências em P&D (pesquisa e desenvolvimento) • A competência da marca • A capacidade para inovações • Competências em vendas • Competências em logística e distribuição • Participação no mercado • Tendências de investimentos • Competências operacionais • Disponibilidade para crescer • Chances de rápida penetração no mercado • Mercado aguardando o produto/serviço • Aumento significativo nas vendas • Lucratividade elevada devido ao mercado comprador • O maior concorrente saiu do mercado • Distribuição onde o concorrente não chega • Exportação viável e com vantagens fiscais • Novos distribuidores para o produto/serviço • Produto/serviço em moda para consumo nos próximos dois anos • Apoio do governo federal para P&D neste segmento • Fontes de financiamentos	• Falta de domínio em competências essenciais • P&D através de terceiros • Dificuldades financeiras para novos projetos • Resistência interna à inovação • Tímida participação no mercado • Equipe de vendas insuficiente • Falhas em logística e distribuição • Custos operacionais elevados • Pouca flexibilidade operacional para crescer • Imagem deficiente da empresa ou produto/serviço • Marca a ser consolidada • Gerência despreparada • Modificação da lei tributária • Elevação da inflação com queda no consumo • Taxa do dólar mais alta que a projetada no PEM • Concorrente a lançar algo melhor em poucos meses • Não conseguirmos a qualidade desejada • O diferencial competitivo não ser entendido rapidamente • Crise econômica na Europa afetando o custo de matérias-primas • Nova equipe de vendas no concorrente *y* • Reação do concorrente *z* criando novos distribuidores

Há ainda uma análise bem interessante que pode ser realizada com a aplicação da matriz Swot, chamada de "análise cruzada", mostrada na figura 3.

De maneira muito prática, sugerem-se os seguintes cruzamentos dos quadrantes, para identificar:

- *potencialidades de ação ofensiva*: comparar o quadrante das "oportunidades" com os "pontos fortes". Este cruzamento permite ver a "rota do sucesso" para a atuação da empresa, pois alinha as fortalezas da empresa para o aproveitamento das oportunidades de mercado;
- *vulnerabilidade*: comparar o quadrante das "ameaças" com os "pontos fracos". Este cruzamento indica o que poderá ser a "rota do fracasso" da empresa se os devidos fatores não forem gerenciados;
- *capacidade defensiva*: cruzando as "ameaças" com os "pontos fortes", percebe-se que a empresa tem como enfrentar e se defender das ameaças do mercado;
- *debilidades*: aqui, com o cruzamento das "oportunidades" com os "pontos fracos", podem ser mapeados os fatores internos que impedem a empresa de aproveitar as oportunidades do mercado.

Sempre que usar uma matriz, não escreva demais, pois os tópicos ou gráficos devem ser autoexplicativos. Mas lembre-se de que, estrategicamente, nenhum ponto fraco ou ameaça poderá ficar sem uma proposta sua de transformação em ponto forte ou oportunidade. Os pontos fortes e as oportunidades são sempre mais agradáveis de descrever, sendo direcionados estrategicamente para o sucesso do projeto.

Figura 3
Análise cruzada

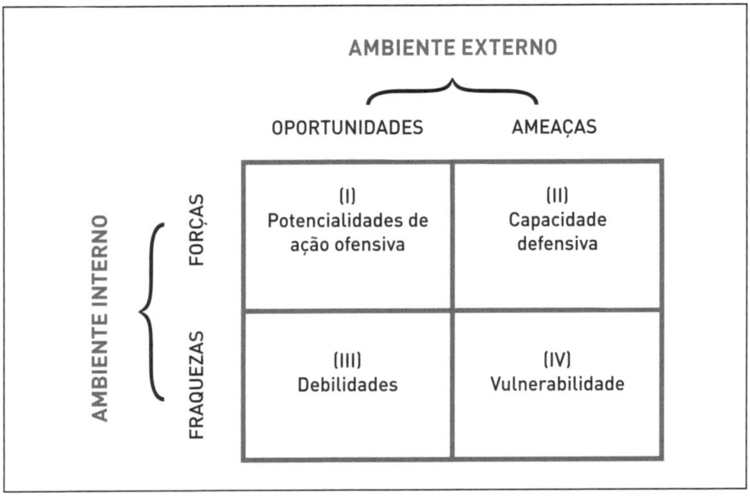

Fonte: elaboração dos autores.

Análise das forças competitivas

A elevada competitividade torna o PEM cada vez mais necessário para as empresas. O importante na competição é a análise objetiva, realista, em matrizes que auxiliem a compreender a situação e definir objetivos, estratégias e táticas.

Há inúmeras sugestões de matrizes para forças competitivas em bons livros especializados em planejamento. As que estamos apresentando são as mais usadas e práticas, baseadas no modelo das cinco forças competitivas de Porter (1986), mostrado na figura 4. Dependendo do seu negócio e da complexidade de sua área de competição, pode ser que você precise de matrizes mais complexas e específicas. As aqui apresentadas são absolutamente indispensáveis para todo e qualquer PEM, não importa o tipo do produto/serviço ou unidade de negócio.

Figura 4
Cinco forças competitivas de Porter

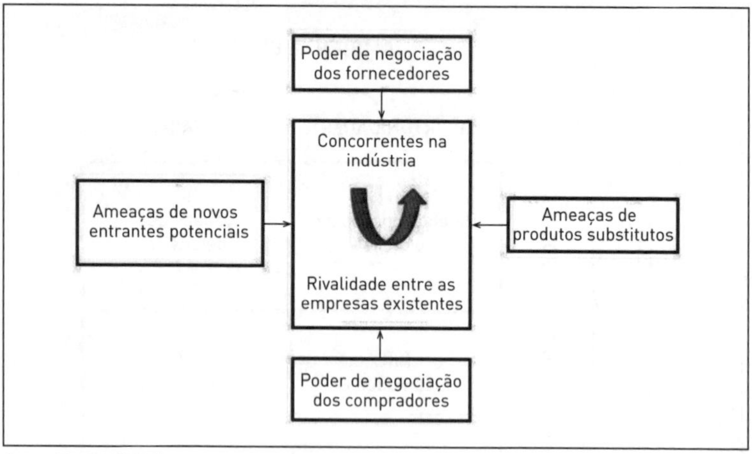

Fonte: Porter (1986).

Avaliação da rivalidade e competências entre concorrentes

Seu produto/serviço ou unidade de negócio estará lutando com outros similares numa mesma área. É preciso entender esse conjunto de rivalidades e competências. Quem é o melhor e tem mais chances de ganhar a competição? Quem são os melhores nessa área? Com essas informações bem-analisadas, você saberá se é o provável ganhador e por quê. Por outro lado, se você não é o melhor, quem é? E por quê?

Estas matrizes vão indicar detalhadamente onde você tem de melhorar para superar o(s) concorrente(s), constituindo, assim, boas sugestões estratégicas e táticas. Reúna todas as informações dos aspectos mais relevantes sobre suas competências e as de seus concorrentes. Selecione o que realmente é decisivo nessa área.

Uma dica: raramente a listagem de competências estratégicas será maior que 20 itens. Se forem mais de 20, agrupe alguns.

De posse dessas informações, inicie a elaboração da matriz mostrada na tabela 1.

Tabela 1
Avaliação da rivalidade e competências entre concorrentes atuais

Itens estratégicos (competências)	Peso %	Nossa empresa		Concorrentes atuais			
				1		2	
		Nota	Total	Nota	Total	Nota	Total
Total de pontos	100						

Fonte: adaptada de Mattar (1999:108).

Para preencher a matriz da tabela 1, liste as competências mais relevantes para a sua empresa e identifique os principais concorrentes atuais, ou seja, os que já estão na área em competição, os que representam pelo menos 60% a 70% do total deste mercado específico (princípio matemático da curva ABC de Pareto). Na matriz simulada na tabela 2, você vai encontrar uma listagem hipotética para melhor entendimento dos itens. O conjunto das competências listadas na matriz tem de representar todas as competências que asseguram o sucesso do produto/serviço ou unidade de negócio. Nenhuma competência realmente importante estrategicamente poderá ser esquecida. Assim, o somatório dessas competências é sempre 100% das competências necessárias para se estar nessa área.

Você deve estar se perguntando como vai saber o peso de cada competência para fazer a segunda coluna. Esse peso é uma valoração, ou seja, um valor atribuído, obtido por meio de uma pesquisa de mercado, junto a consumidores, compradores ou revendedores, dependendo do seu negócio e da área em questão. Se já tiver absoluto conhecimento dos pesos, devido a pesquisas já realizadas ou devido ao amplo conhecimento das competências necessárias, você mesmo poderá atribuir os pesos. Entretanto, é importante que os pesos não reflitam apenas a sua opinião, por maior que seja seu conhecimento a respeito. Devido à importância estratégica e decisões que serão tomadas em decorrência da análise dessa matriz, recomendamos que você ouça seus pares na empresa e clientes muito relevantes. Politicamente, um PEM será mais consistente na proporção que seus pares e principais clientes forem consultados.

Quando você já tiver as competências e seus pesos definidos, lembre-se de ordená-las, na matriz, da competência de peso máximo para a de peso menor. Dessa forma, ao ler a matriz, ficará claro não só quais são as competências mais relevantes como também a ordem de importância delas.

Para poder comparar os mais importantes nesta área (sua empresa e seus concorrentes), é preciso criar pontos, ou seja, índices comparáveis. Para tanto, já temos os pesos, numa valoração de cada item. Agora vamos obter índices comparáveis entre si. Queremos chegar aos totais de pontos para sua empresa e para cada um dos principais concorrentes. Inquestionavelmente, esses totais são índices matematicamente comparáveis. As notas poderão ser obtidas por meio de pesquisas de mercado com consumidores, compradores, revendedores ou, ainda, você e seus pares, caso tenham absoluta firmeza na qualidade das informações sobre sua empresa e seus concorrentes. As notas a serem atribuídas serão de 1 a 5; 1 para competência muito fraca e 5 para excelente competência. Com as notas na matriz, calcule o total de pontos. Na sua matriz, você já tem os pesos que somam 100% e as notas para a sua empresa e seus concorrentes. Para obter o total de pontos basta multiplicar o peso pela nota. O resultado da multiplicação será o total de pontos da sua empresa ou de cada concorrente, naquela competência.

O resultado obtido na multiplicação (peso × nota) não é percentual; é um índice. Na última linha horizontal, quando tiver todos os totais, você saberá tecnicamente a situação de rivalidade e competências na área.

Na tabela 2 você encontrará uma situação hipotética que preparamos, lembrando que a listagem de itens estratégicos será criada especificamente para cada caso.

Vamos fazer uma breve análise da matriz simulada. Nessa área de quatro empresas principais, nosso principal concorrente tem boas vantagens competitivas sobre nossa empresa, apesar de empate em vários itens estratégicos. Esse concorrente tem vantagens competitivas sobre nós em: preço, telemarketing e distribuição. O concorrente nº 2 tem apenas uma vantagem competitiva sobre nós: assistência técnica. O concorrente nº 3, apesar de muito fraco, tem uma vantagem competitiva sobre nós nas condições de pagamento.

Tabela 2
Matriz simulada

Itens estratégicos (competências)	Peso %	Nossa empresa		Concorrentes atuais			
				1		2	
		Nota	Total	Nota	Total	Nota	Total
Preço	20	4	80	5	100	3	60
Telemarketing	20	4	80	5	100	3	60
Assistência técnica	15	4	60	4	60	5	75
Cor e *design*	15	4	60	4	60	4	60
Qualidade	10	4	40	4	40	4	40
Distribuição	10	4	40	5	50	4	40
Diferenciação	5	3	15	3	15	3	15
Condições de pagamento	5	3	15	3	15	3	15
Total de pontos	100		390		440		365

Fonte: adaptada de Mattar (1999:108).

Essa matriz organiza de forma objetiva e técnica inúmeras informações que dificilmente você conseguiria colocar num gráfico de forma tão completa e eficiente. Além de ficar sabendo "quem é quem" na competição, você terá um *flash* excelente sobre competências que são vantagens competitivas para sua empresa e as que precisam ser aprimoradas estratégica ou taticamente para melhor performance.

As conclusões desta análise serão: conhecimento sobre os aspectos confortáveis da sua empresa na competição, bem como as ações necessárias para maior capacitação competitiva, principalmente no cruzamento com outras informações.

Avaliação de entrantes potenciais

Além de analisar os principais concorrentes, que já estão na área com a sua empresa, é preciso analisar se há entrantes potenciais, ou seja, se há concorrentes fortes chegando à sua área para competir também. Há uma matriz simples de elaborar, mas de grande valia no PEM, que pode ser feita para o conjunto dos entrantes potenciais ou para cada um destes. Veja a situação simulada na matriz mostrada na tabela 3 e pense quantas páginas você teria de escrever (e os outros teriam de ler), para relatar as mesmas informações estratégicas.

Ao analisar um entrante potencial, haverá uma avaliação das dificuldades que ele encontrará, das possibilidades estratégicas que sua empresa terá para dificultar o início da atuação dele, bem como uma estimativa das suas possibilidades empresariais de curto e longo prazos.

Tabela 3
Avaliação de entrantes potenciais

Tipos de barreira à entrada	Graus de eficácia à barreira				Prazo para solução da barreira	
	Alto	Médio	Baixo	Nenhum	Curto	Longo
Licenciamento do produto	X				X	
Importação de matérias-primas			X		X	
Construção da fábrica poluente	X				X	
Patente da tecnologia				X	X	
Necessidade alta de capital de giro		X				X
Marca desconhecida		X				X
Diferencial competitivo do produto	X				X	
Diretoria não conhece o mercado			X			X

Avaliação de produtos substitutos

Nesta mesma área você já terá os concorrentes, os entrantes potenciais, aqueles que ainda não estão na competição, mas fazem os últimos preparativos para entrar, e aqueles que não são concorrentes tão diretos, mas que poderão substituir algum consumo de produto/serviço da sua empresa.

Em algumas situações é preciso analisar cuidadosamente esses "substitutos" como concorrentes indiretos ou até mesmo diretos. Pense numa indústria de refrigerante e numa boa indústria de água mineral, com forte distribuição. Será que são concorrentes? Sim e não. O mercado de refrigerantes é específico, e muitas marcas competem. Mas, quando pensamos no momento do consumo, a concorrência existe diretamente. Já não aconteceu de você perguntar num restaurante, bar ou lanchonete o que havia sem álcool e a resposta ser coca, guaraná, água com gás e sem gás?. Ou perguntar sobre refrigerantes *diet* e o atendente dizer que estava em falta, mas tinha água mineral? Enfim, esse é um exemplo simples de substitutos, mas existem inúmeros em alimentos, material de construção, beleza, papelaria, material de limpeza e em muitos outros mercados. Ao elaborar o seu PEM, avalie os substitutos. Eles podem nos surpreender como concorrentes.

Customer value analysis (CVA)

A percepção de valor é uma das áreas mais complexas do marketing. Os valores humanos individuais, comportamentais, sociais, de grupos e, consequentemente, os valores de mercado estão presentes nas atitudes do cliente em relação ao seu produto/serviço. As pesquisas de mercado são os melhores instrumentos para compreender a dinâmica de valores dos clientes. Justamente por essa enorme dinâmica, aliada ao acúmulo de informações constantes e novas opções de produtos/serviços no mercado, os valores são muito voláteis. Isso quer dizer que os investimentos em pesquisa de valores e comportamentos têm de ser constantes. Se você fizer pesquisas uma vez ao ano, na época de fazer o PEM anual, pode não ser suficiente, porque, dependendo do mercado em que atua, como alimentos, produtos de limpeza e beleza, as novidades e as mutações são constantes (Porter, 1999:215, 235).

Por que analisar os valores dos clientes? Porque eles são a fonte das informações de que você precisa. Sua empresa pode fazer um produto de excelente qualidade, o melhor do mercado, mas isso não quer dizer que o cliente vá perceber assim ao comparar com os produtos concorrentes. Muito frequentemente, uma empresa decide ter o melhor e mais caro produto do mercado. O cliente pode não perceber que é o mais caro do mercado e também não achar tão bom assim. Uma empresa pode agregar um valor ao seu serviço e o cliente nem notar, e muito menos valorizar. É o caso de muitos seguros pessoais, porque as pessoas não costumam ler as letrinhas miúdas nos manuais.

A agregação de valor a um produto ou serviço é de total importância na elevada competitividade. Tão e mais importante é conseguir que o mercado perceba esse valor. Assim, no seu PEM é necessária uma análise detalhada e profunda da percepção de valores pelo seu cliente.

Tecnicamente, o termo desta matriz que compara qualitativa e quantitativamente a performance do seu produto ou da sua empresa em relação aos principais concorrentes é a análise chamada de: *customer value analysis* (CVA).

A técnica de elaboração da matriz CVA é similar à análise das forças competitivas, baseada em pesos, notas e índices de comparação entre empresas diferentes.

Os componentes de atributos de preço, qualidade e acessibilidade dependem do mercado em que você está atuando. Nas matrizes que mostraremos aqui, você vai encontrar uma listagem reduzida de atributos. Para seu PEM, você fará listagens maiores.

Nas tabelas 4 a 6 apresentamos três matrizes simuladas para as variáveis preço, qualidade e acessibilidade. Na tabela 7 está a quarta matriz, que é o somatório dos índices obtidos nas três anteriores, numa conclusão analítica.

Tabela 4

Customer value analysis: atributos de preço

Atributos de preço	Peso %	Nosso produto		Produtos concorrentes				Média dos concorrentes	Índice nosso preço sobre a média
				1		2			
		Nota	Total	Nota	Total	Nota	Total		
Relação custo/ benefício	50	2	100	5	250	2	100	175	0,57
Embalagem/ *design*	20	3	60	5	100	3	60	80	0,75
Condições de pagamento	30	3	90	4	120	2	60	90	1,00
Total	100		250		470		220	345	0,72

Tabela 5
Customer value analysis: atributos de qualidade

Atributos de qualidade	Peso %	Nosso produto		Produtos concorrentes				Média dos concorrentes	Índice nossa qualidade sobre a média
				1		2			
		Nota	Total	Nota	Total	Nota	Total		
Segurança do produto	20	5	100	5	100	4	80	90	1,11
Vários usos	10	4	40	4	40	3	30	35	1,14
Condições de pagamento	70	3	210	4	280	2	140	210	1,00
Total	100		350		420		250	335	1,04

Tabela 6
Customer value analysis: atributos de acessibilidade

Atributos de acessibilidade	Peso %	Nosso produto		Produtos concorrentes				Média dos concorrentes	Índice nossa acessibilidade sobre a média
				1		2			
		Nota	Total	Nota	Total	Nota	Total		
Segurança do produto	40	4	160	4	160	2	80	120	1,33
Vários usos	40	4	160	4	160	2	80	120	1,33
Condições de pagamento	20	1	20	3	60	4	80	70	0,28
Total	100		340		380		240	310	1,10

Tabela 7
Customer value analysis: resumo dos atributos

Resumo geral dos atributos	Peso %	Nosso produto		Produtos concorrentes				Média dos concorrentes	Índice nosso produto sobre a média
				1		2			
		Nota	Total	Nota	Total	Nota	Total		
Preço	50	250	12.500	470	23.500	220	11.000	17.250	0,72
Qualidade	30	350	10.500	420	12.600	250	7.500	10.050	1,04
Acessibilidade	20	340	6.800	380	7.600	240	4.800	6.200	1,42
Total	100		29.800		43.700		23.300	33.500	0,89

São muitas as análises e conclusões nessas quatro matrizes de percepção de valor pelos nossos clientes. As mais relevantes são as descritas a seguir (Porter, 1999:33):

- líder de mercado na percepção de valor do cliente é o concorrente 1, no conjunto de percepção de preço + qualidade + acessibilidade;
- segundo no mercado é o nosso produto, perdendo para o primeiro em percepção nos três atributos;
- somos melhores que o terceiro colocado (concorrente 2) em preço, qualidade e acessibilidade;
- onde temos que melhorar em cada um dos três atributos está devidamente indicado em cada matriz.

Matriz de Ansoff

Igor Ansoff (1990) é um dos primeiros grandes mestres do planejamento estratégico. Desenvolveu uma matriz para análise de crescimento empresarial conhecida como *Grid* (grade, em português) de expansão produto/mercado, até hoje amplamente utilizada.

Parte da premissa básica de que uma organização pode crescer, por meio de produtos atuais e produtos novos, no mercado atual e em mercados novos.

Essa é uma forma muito simples de perceber o crescimento nas possibilidades mercado e produto, sendo que cada uma com dois desdobramentos: atuais e novos. É justamente por ser tão simples e estratégica que essa análise continua em pleno uso (Ansoff, 1997:83,102,163). A figura 5 mostra esta matriz.

Figura 5
Matriz de Ansoff

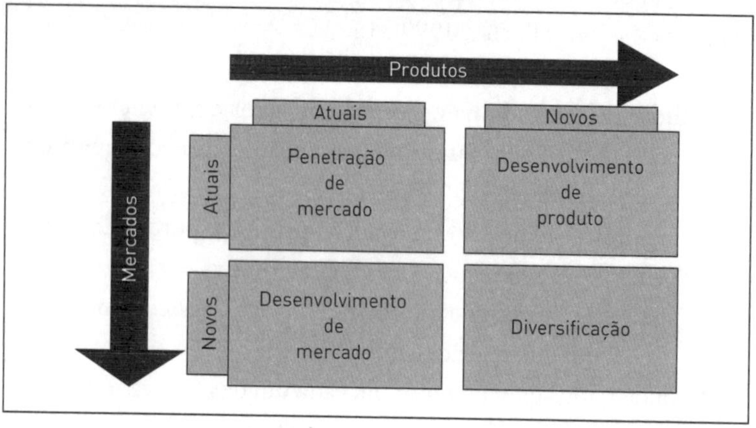

Analisando a figura 5, vemos:

- a estratégia de penetração de mercado é modificar o marketing mix, com o objetivo de conseguir maior participação no mercado (*market share*);
- a estratégia de desenvolvimento de mercado é aumentar os negócios por meio de novos mercados para seus produtos atuais;
- a estratégia de desenvolvimento de produto é aumentar os negócios por meio do desenvolvimento de novos produtos ou de variáveis de produto já em linha, com o objetivo de penetração ou desenvolvimento de mercado;
- a estratégia de diversificação é aumentar os negócios entrando em outros ramos de negócios ou atividades, objetivando a expansão da organização por meio de oportunidades diferentes das atuais.

Ao fazer o PEM você poderá optar por uma, duas, três ou pelas quatro estratégias. As grandes empresas, no PEM consolidado de todas as suas unidades de negócios, apresentam estratégias nas quatro possibilidades, dando mais ênfase a uma delas, duas delas, três ou igual importância estratégica às quatro opções. Recomendamos que você sempre mencione essa matriz, bem como a sua análise, em todo PEM, pois trata-se de uma menção estratégica básica.

Há ainda outras matrizes que podem ser usadas, como a matriz BCG (do Boston Consulting Group) e a matriz McKinsey, ou de política direcional (também conhecida como "matriz GE"). Essas matrizes são úteis para a definição de portfólio de produtos e definição de prioridades estratégicas.

3
Arquitetura estratégica

Após toda a análise realizada nos capítulos anteriores, você agora terá condições de entender e conduzir um dos passos mais importantes do PEM: a montagem de uma arquitetura estratégica sólida e consistente, contemplando objetivos coerentes interligados a estratégias competitivas próprias.

Formulação de objetivos e metas – início do passo 4 do PEM

O PEM é uma ferramenta para atingir os objetivos que você traçou. Objetivo pode ser entendido como a descrição de um estado futuro a ser alcançado. Um objetivo deve responder à seguinte questão: o que e quanto se deseja alcançar? Na elaboração de um planejamento de longo prazo, você não poderá esperar muitos anos para saber se seu plano funcionou ou não, se precisará de ajustes ou se até mesmo terá de ser mudado radicalmente.

Para permitir o controle e o acompanhamento do PEM, é preciso que se estabeleçam metas, ou seja, diferentes pontos intermediários que almejamos atingir no caminho em direção aos objetivos, que são definidos de forma específica e mensurável. Esses pontos intermediários devem ser passíveis de controle e acompanhamento, e para tanto devem ter prazo para serem alcançados e a indicação de um responsável pela execução. Durante o processo de seleção dos objetivos, precisamos lembrar que, com o desdobramento do planejamento, eles deverão ser transformados em metas que a empresa deverá atingir no futuro. Quanto mais distantes no tempo estiverem os objetivos, maior será a importância das metas intermediárias. Nessa perspectiva, os objetivos, para se tornar metas, precisam ser quantificáveis e ter um horizonte temporal (Ansoff, 1990:52).

Usualmente são analisados o ambiente interno (forças e fraquezas) e o ambiente externo (oportunidades e ameaças), à luz das suposições de como esses diferentes fatores poderão afetar os resultados, para, só após, serem definidos os objetivos gerais de marketing (Kotler, 2000:101).

Os objetivos são construídos a partir de (Kotler, 2000):

- um medidor de eficiência de um atributo específico (por exemplo, volume de vendas);
- um padrão ou escala em que o atributo é medido (por exemplo, número de unidades vendidas);
- definição de metas, que são valores específicos na escala indicada (por exemplo, vender 100 mil unidades no próximo ano).

Objetivos em marketing são alvos almejados. Resumidamente, pode-se afirmar que se relacionam com a venda de produtos novos em mercados novos ou existentes e com a venda de produtos existentes em mercados novos ou existentes. Afinal, com a implementação do PEM, o desempenho efetivo só poderá ser mensurado se os critérios utilizados forem claros. Essa etapa é denominada formulação de metas, porque metas, como visto, são os objetivos quantificados e com diferentes prazos intermediários. As metas são pontos essenciais para um bom planejamento, para uma boa implementação e para um bom controle e acompanhamento. O planejador busca alcançar um conjunto de objetivos para os negócios de sua organização, que devem ser escolhidos e hierarquizados do mais importante para o menos. Os objetivos também devem ser flexíveis, porque as mudanças na economia mundial são constantes e você precisa estar pronto para adaptar-se rapidamente a elas. Não podemos ficar presos a um plano, só porque ele deu muito trabalho para ser elaborado e envolveu muitas pessoas. Devemos estar prontos para mudar sempre que necessário.

Os objetivos também devem ter a função de estimuladores, criando um clima de colaboração ou competição saudável entre os funcionários da organização. Na verdade, a organização funciona como um repositório dos objetivos individuais dos diferentes *stakeholders*. Por meio de uma negociação interna, chega-se a um consenso dos propósitos coletivos que são considerados válidos. Os acionistas querem aumentar o retorno de seu investimento. Mas, se os seus colaboradores não se beneficiarem também, pode ocorrer de não se sentirem motivados para alcançá-los. Fica clara, portanto, a necessidade de que os objetivos sejam acordados previamente.

Os objetivos podem ser (Kotler, 2000):

- financeiros – são os vinculados à preocupação da organização com a obtenção de resultados econômicos, tais como lucro, faturamento ou margem de contribuição;
- sociais – decorrentes das demandas geradas pelos colaboradores, pela comunidade em que a organização está inserida e pelos órgãos governamentais (por exemplo, o compromisso em diminuir o impacto das operações da organização no meio ambiente, ou a implantação de um plano de saúde patrocinado pela organização para a família dos colaboradores).

Há objetivos que devem ser atingidos no curto, no médio ou no longo prazo. Além disso, os objetivos selecionados devem ser traduzidos em metas atingíveis, consistentes, definíveis, quantificáveis, realistas, relevantes e temporais. Vejamos:

- *atingíveis* – as metas podem e devem ser ambiciosas, estimulando as pessoas e a empresa rumo à superação. No entanto, devem ser percebidas como atingíveis por todos os envolvidos nas ações da empresa. Os melhores resultados são conseguidos quando todos na empresa estão motivados e comprometidos com a obtenção de resultados. Para que isso aconteça, é preciso que os envolvidos entendam os objetivos/metas da empresa e os considerem alcançáveis. Caso contrário, haverá desmotivação e, consequentemente, uma queda nos resultados da organização;
- *consistentes* – o planejador precisa fazer escolhas entre as diferentes opções disponíveis, pois precisa formular metas que não sejam conflitantes entre si, nem com a visão, missão e valores da organização. Tomando dois objetivos que são usuais em marketing – aumentar vendas e aumentar lucratividade –, sabemos que é difícil ter sucesso em ambos ao mesmo tempo, pois, para aumentar vendas, precisamos aumentar promoção, ou baixar preços – duas ações que implicam diminuição da lucratividade. Os diferentes objetivos selecionados não podem competir entre si. Devem formar um todo harmônico que irá conduzir a organização na direção apontada por sua visão e missão;
- *definíveis e quantificáveis* (sempre que possível) – devem ser evitadas expressões vagas, tais como melhorar, incrementar, minimizar e maximizar, na formulação de objetivos/metas para a empresa, pois dificultam a mensuração. Recomendamos que uma meta, por exemplo, aumentar o lucro líquido, seja reformulada para "aumentar o lucro líquido em 5% no próximo ano". Como pode ser observado, a inclusão de uma

data-limite e a quantificação do crescimento esperado nos fornecem a precisão necessária. Certamente, há objetivos de marketing legítimos, tais como melhorar a imagem e fortalecer a marca, que não são facilmente mensuráveis. Nesse caso, devemos buscar alguma maneira de medir o resultado das ações que serão tomadas, provavelmente por meio de pesquisas, de tal maneira que possamos saber se as ações programadas estão atingindo os níveis planejados e se a relação custo/benefício é satisfatória, ou se precisamos implementar correções de rumo em nossas ações;

- *realistas* – as metas devem ser formuladas a partir de uma análise criteriosa de todo o ambiente em que a organização está inserida, principalmente das oportunidades e forças ao alcance da empresa, e nunca a partir de devaneios ou anseios pessoais de alguns de seus dirigentes. Assim, quanto mais o plano for aderente à realidade da organização, maior será a probabilidade de sucesso. Convém, mais uma vez, lembrar que metas ousadas, difíceis de ser alcançadas, sempre são bem-vindas, desde que conscientemente aceitas pelos componentes da organização como um desafio, um esforço de superação;
- *relevantes* – as metas são resultados que a empresa assume o compromisso de alcançar; portanto precisam ser relevantes. Todos sabemos que as pessoas têm dificuldade de trabalhar com muitas variáveis simultaneamente. Em função disso, elas inconscientemente selecionam e hierarquizam as metas mais importantes, às quais deverão prestar mais atenção. Sabendo disso, os planejadores devem escolher as metas mais abrangentes e importantes para os negócios. Esse pensamento não impede que as metas específicas se multipliquem à medida que o planejamento se aproxima do operacional, de tal maneira que sirvam de ferramenta para o acompanhamento e o controle detalhado;

- *temporais* – não basta atingirmos uma meta; é preciso que ela seja atingida dentro de um prazo adequado. A geração de metas a partir dos objetivos é decorrência da necessidade de avaliar e controlar o desempenho que estamos obtendo nos negócios da organização.

Como definir os objetivos de marketing

A possibilidade de combinações de objetivos de marketing a serem selecionados é muito grande. Então, como fazer uma escolha fundamentada? McDonald (2007) sugere que o uso da matriz de Ansoff, estudada no capítulo anterior, pode fornecer uma estrutura lógica que nos auxilie nessa tomada de decisão.

Ao fazer a seleção de objetivos do PEM, você pode optar pela adoção de uma ou mais das estratégias propostas na matriz de Ansoff, organizando e dando sentido aos objetivos da organização, mesmo que estes sejam aparentemente conflitantes.

No PEM consolidado de grandes empresas, no qual estão englobadas todas as unidades de negócios, é possível verificar, na prática, a grande variedade de combinações possíveis de objetivos e sua harmonização.

Conceito de estratégia

Vamos expor os principais conceitos ligados ao termo estratégia e como podemos usar essa ferramenta de maneira simples e eficaz no contexto de um planejamento empresarial. Para tanto, precisamos entender o significado básico de estratégia. O importante é desmitificar esse termo e sua aplicabilidade. Estratégia nada mais é do que o seguinte: dentro de um determinado contexto ambiental (concorrentes, tendências), levando em consideração as características específicas de uma empresa (recursos, pontos fortes e pontos fracos) e dados os objetivos que uma organização pretende atingir, a empresa irá direcionar (definir o uso e alocação) seus recursos para atingir seus objetivos. Este direcionamento é a estratégia.

Uma boa definição de estratégia nos é dada por Ansoff (1997:102):

> estratégia é um dos vários conjuntos de regras de decisão para orientar o comportamento de uma organização. Nesse contexto, estratégia de negócios é o conjunto de regras para o desenvolvimento da relação da empresa com seu ambiente externo: quais produtos e tecnologias irá desenvolver, onde e para quem os produtos serão vendidos e como a empresa obterá vantagens sobre os seus concorrentes.

Podemos ver exemplos muito claros de estratégias no campo militar, onde todos os elementos estão presentes (Mintzberg, Ashlstran e Lampel, 2000:70). A origem do termo estratégia fundamenta-se nas atividades militares, que têm esse conceito bastante difundido. Muitos termos da administração possuem correlatos nas atividades bélicas. É interessante notar que, para essas atividades, precisamos entender e administrar recursos dentro de um determinado contexto de ambiente que inclui região geográfica, clima, características do inimigo (como o volume de tropas e tipos de armas). Também, um general não poderia deixar de levar em consideração as características de sua unidade, como seus pontos fortes em termos de armas próprias, Infantaria e assim por diante.

Atualmente, em administração de empresas, a palavra estratégia faz parte do dia a dia dos gestores quando relacionada a atividades vinculadas ao planejamento empresarial. De maneira análoga a um general, os administradores avaliam seu ambiente dentro de um contexto, avaliam seus concorrentes, estudam suas próprias características e determinam quais objetivos devem ser alcançados. E dessa forma desenvolvem um direcionamento empresarial e um conjunto de ações para atingir tais objetivos.

No contexto empresarial, a formulação estratégica clássica envolve as seguintes características:

- levantar oportunidades e ameaças do meio ambiente em que a organização se encontra;
- levantar pontos fortes e pontos fracos referentes à empresa ou organização;
- cruzar pontos fortes e fracos com ameaças e oportunidades e, a partir daí, desenhar um caminho para se atingir os objetivos organizacionais.

Esse desenho clássico foi idealizado na escola de Harvard e ainda serve como parâmetro fundamental para toda a formulação estratégica atualmente em uso (Mintzberg, Ashlstran e Lampel, 2000:28).

Segundo Porter (1989), as primeiras literaturas sobre estratégia afirmam que uma formulação estratégica de sucesso deve possuir três condições essenciais:

- a empresa deve desenvolver e implementar um conjunto de objetivos e políticas funcionais que, no seu contexto, definem sua posição de mercado. Nesse caso, a estratégia é vista como uma ferramenta de integração para as diversas atividades dentro da empresa, incluindo marketing, produção, P&D, finanças e outras;
- esses objetivos e políticas devem estar alinhados à análise ambiental realizada, ou seja, com as oportunidades e ameaças. Nesse contexto, a estratégia é o ato de alinhar a empresa ao seu ambiente;

- avaliando os recursos específicos existentes dentro da empresa, a estratégia deve estar concentrada na criação e exploração de competências distintas.

Ou seja, nessa visão, a estratégia é a adequação entre os fatores internos e externos da empresa, orientada para um objetivo específico.

Estratégia competitiva de Porter

Porter (1989:11, 57) estrutura sua análise sobre estratégia levando em consideração três formulações principais para a estratégia corporativa empresarial: liderança no custo total, diferenciação e enfoque. Essas opções estratégicas são também chamadas de estratégias genéricas e são mostradas na figura 6.

Figura 6
Estratégias genéricas

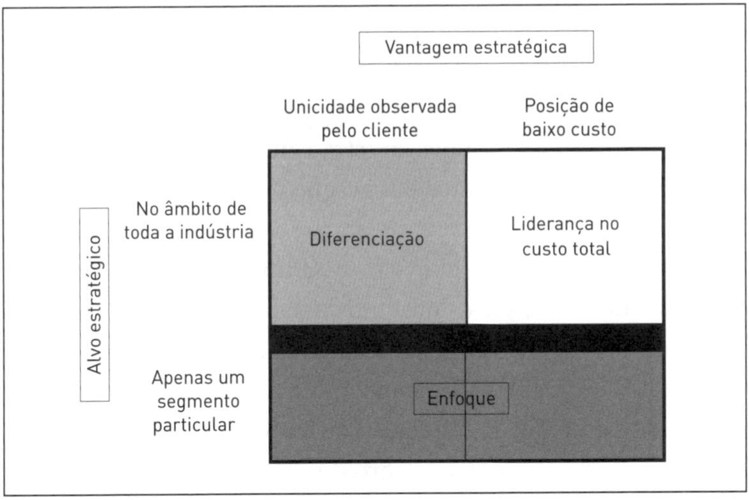

Fonte: adaptada de Porter (1986).

A estratégia de diferenciação

Essa estratégia consiste basicamente em desenvolver as atividades de uma empresa, buscando agregar valor aos seus produtos e serviços. Dessa forma, a empresa desenvolve uma oferta única no âmbito de todo o mercado, oferecendo produtos e serviços com atributos distintos e valorizados pelos clientes.

É importante observar que essa diferenciação pode ocorrer de várias formas: no projeto do produto, na imagem da marca, na aplicação da tecnologia, nos serviços de pós-venda e atendimento, no sistema de distribuição e assim por diante. Com isso, a empresa cria condições para cobrar preços acima da média de seus concorrentes, obtendo, desse modo, maior competitividade no mercado, ou mantém o mesmo preço médio de seus concorrentes, porém entregando maior valor ao mercado. Isso dependerá das condições competitivas do mercado em que a empresa está inserida. Uma empresa que opte pela diferenciação deve sempre procurar formas de obter um preço *premium* superior ao custo da diferenciação. Essa estratégia leva em consideração atributos que o mercado ou um segmento relevante valoriza (Porter, 1989:12,111).

Para que a estratégia de diferenciação possa ser implementada, é importante que a empresa leve em consideração algumas características inerentes a essa formulação estratégica: é necessário reservar recursos para investimentos em pesquisa e desenvolvimento, e a área de P&D da empresa deve integrar-se com a área de marketing. Isso é crucial, pois, se não existir essa integração, o esforço de desenvolvimento de novos produtos, imagem de marca, sistemas de atendimento e demais atividades pode estar fora de sincronia com o que o mercado quer, gerando assim um descasamento entre o custo da estratégia de diferenciação e o valor agregado por ela. Esse é um dos principais riscos envolvendo a formulação estratégica via diferenciação.

Uma empresa só terá um diferencial competitivo sustentável acima da média da sua indústria se a adoção dele tiver uma relação favorável de custo *versus* benefício. Outra exigência muito importante para a estratégia de diferenciação é a boa comunicação com seu mercado-alvo, que precisa ser convencido dos benefícios decorrentes dos diferenciais vinculados às suas atividades. Além disso, ter um atendimento excelente e um sistema de relacionamento com seus clientes são condições importantíssimas para sustentar a diferenciação ao longo do tempo.

Outros autores de estratégia, como Mintzberg, Ashlstran e Lampel (2000), defendem que a estratégia de diferenciação pode ser tipificada por meio das seguintes diferenciações:

- por preços – simplesmente cobrar o preço mais baixo;
- por imagem – realizada por meio de propaganda, promoção, embalagem e até aumentos de preço;
- por suporte – realizada por meio dos serviços agregados e da oferta de produtos complementares;
- por qualidade – a empresa desenvolve um produto melhor que o dos concorrentes em relação à sua confiabilidade, durabilidade e desempenho superior;
- por *design* – essa diferenciação se dá por meio de um projeto diferenciado e não necessariamente melhor que os dos concorrentes;
- por não diferenciação, que é, basicamente, copiar ações de outras empresas, desde que haja espaço no mercado para tal e a empresa opte deliberadamente por um caminho de seguidora, ou imitadora dos lançamentos dos concorrentes, mas com ações inovadoras e eficientes em marketing.

Toda estratégia é uma escolha e, como tal, apresenta vantagens e desvantagens associadas. A estratégia de diferenciação envolve alguns riscos. O primeiro deles é a imitação pura e simples por parte dos concorrentes, e o segundo existe caso a empresa não consiga expor para o mercado o valor diferenciado que desenvolveu em suas atividades; portanto, o custo de diferenciação é maior do que a lealdade do mercado em relação à empresa. Isso é particularmente importante quando a empresa não possui uma adequada integração entre P&D e a área de marketing.

Como exemplo de empresa que possui estratégia de diferenciação podemos citar O Boticário. A empresa investe pesadamente em P&D, mas isso não seria suficiente caso não existisse na própria organização uma alta sintonia entre P&D e a percepção do mercado. Esta garante que muitas inovações, aparentemente sem utilidade ou valor, possam atender reais necessidades e clientes.

A estratégia de liderança no custo

Obter um desempenho equivalente aos demais concorrentes com menor custo é o principal recurso de competitividade nessa estratégia, proporcionando maior margem para investimentos ou menores preços para os clientes (Porter, 1989:57).

É importante observar que essa estratégia não necessariamente implica redução de preços ao mercado. As empresas que fizeram essa opção geralmente atendem amplos segmentos, pois a estratégia de liderança no custo está intimamente ligada a ganhos de escala. Apesar disso, as fontes que geram reduções de custos variam e dependem bastante do tipo de indústria em estudo, podendo estar ligadas, entre outros fatores, a:

- economia de escala;
- estágio da curva de experiência;
- existência de tecnologia patenteada;

- acesso preferencial às matérias-primas;
- estrutura organizacional mais otimizada;
- uso exclusivo de novas tecnologias de produção;
- criação de parcerias estratégicas.

Para que essa estratégia possa ser implementada, é necessário que a empresa busque não apenas reduzir custos, mas ser líder em custo no mercado em comparação com seus concorrentes. É interessante notar que essa estratégia não pode ser executada por várias empresas de uma mesma indústria, durante muito tempo, pois a busca incessante pela liderança no custo poderia gerar uma competição tão acirrada que acabaria com a rentabilidade da indústria no longo prazo, o que seria ruim para todos os competidores. O paradigma das tecnologias vigentes é o limitador da redução de custos e preços, como vemos na figura 7.

Figura 7

Paradigmas das tecnologias vigentes e custos

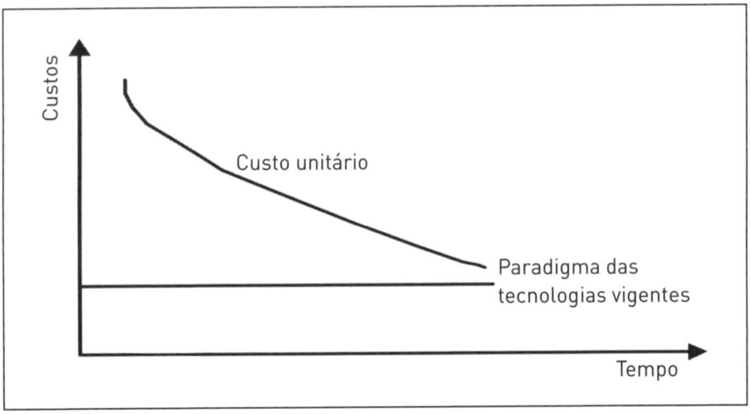

A estratégia de liderança no custo tem o risco de a evolução tecnológica tornar obsoleto seu fundamento em termos de capacidade de produção e organização. A evolução tecnológica anula o efeito da curva de aprendizagem como fonte de sustentação da estratégia. A incapacidade de prever mudanças necessárias no produto ou no marketing é um risco, em virtude da atenção despendida no produto e no processo produtivo. Outro risco importante é a inflação de custos, que pode estreitar a capacidade da empresa de manter os custos controlados. Em relação a este último risco, tivemos um exemplo interessante e recente no Brasil, quando a crise energética elevou os custos de energia para todas as indústrias indistintamente, afetando as que dependiam em grande parte desse recurso.

Outro exemplo dessa estratégia dá-se na rede Carrefour. A empresa desenvolve suas atividades buscando a eficiência em custos. Veja a localização estratégica de seus hipermercados, sempre próximos a avenidas de grande circulação, com lojas muito grandes, o que certamente é mais eficiente em termos de uso dos recursos. A empresa é conhecida por sua estratégia agressiva de negociação com fornecedores, expressa em seu *slogan*, além de possuir uma linha de comunicação que procura informar ao mercado suas vantagens de custos.

A estratégia de enfoque

Nessa estratégia, a empresa prioriza o atendimento a determinado segmento ou grupo de segmentos de mercado, adaptando-se para atendê-los. Utilizando suas atividades para os segmentos-alvo, a empresa procura obter uma vantagem competitiva no segmento em questão, embora não possua uma vantagem competitiva geral (Porter, 1989:13, 166).

Esta estratégia possui duas variantes:

- enfoque no custo (vantagem de custo no seu segmento-alvo);

- enfoque na diferenciação (diferenciação em seu segmento-alvo).

Porter (1986) afirma que em ambos os casos a estratégia baseia-se em diferenças significativas entre os segmentos-alvo da empresa comparados aos demais segmentos da indústria. A vantagem competitiva surge na medida em que a empresa explora essas diferenças, atendendo de forma superior seu segmento-alvo em relação aos concorrentes não focados ou não diferenciados por segmento. É interessante observar que se o segmento-alvo escolhido pela empresa não possuir um conjunto de valores e de percepções diferentes dos segmentos de mercado, a estratégia de enfoque não terá êxito.

Um produto pode adotar simultaneamente mais de uma das três estratégias genéricas descritas. Isso é possível, porém não é recomendável. A opção por uma única estratégia tem mostrado o melhor desempenho já no médio prazo. Toda estratégia envolve trocas entre custos e benefícios da diferenciação, conhecidas como *trade-offs*. Assim, uma empresa deve escolher o tipo de vantagem competitiva que tem intenção de preservar no longo prazo.

A cadeia de valor

Mas como podemos, em termos práticos, desenvolver as estratégias anteriormente discutidas? Devemos analisar como a empresa funciona e os seus recursos, e a partir dessa análise decidir como implementar a estratégia.

Uma ferramenta extremamente útil para alinhar a estratégia genérica da empresa com o dia a dia de gestão é o conceito desenvolvido por Porter (1989:33), chamado "cadeia de valor", apresentado na figura 8.

Figura 8
Cadeia de valor

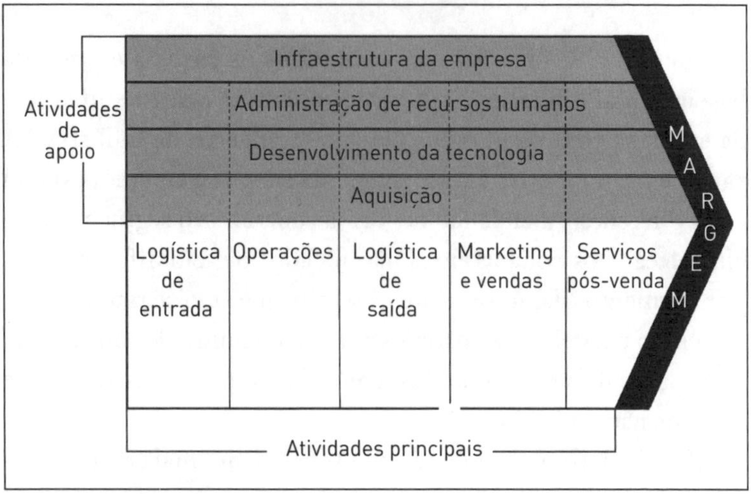

Fonte: adaptada de Porter (1989).

A figura 8 representa um exemplo genérico que deve ser adaptado caso a caso para cada empresa.

Uma empresa agrega valor para seu mercado por meio de suas atividades, classificadas em dois grupos:

- atividades principais – aquelas diretamente relacionadas ao sistema produtivo;
- atividades de apoio – aquelas que oferecem suporte a todas as demais atividades, permeando toda a organização.

Em termos financeiros, cada atividade necessita de recursos para ser executada, estando portanto envolvida na criação de valor para o cliente. Por exemplo, quando aplicamos recursos em vendas e marketing, estamos, na verdade, criando valor de marca, que se refletirá nos preços praticados pela empresa em seus produtos e serviços. Quando aplicamos recursos em P&D, esperamos que a empresa consiga produtos inovadores, de melhor qualidade ou custos mais baixos. Uma empresa bem-administrada é aquela que consegue aplicar seus recursos de maneira estratégica, agregando valor para os clientes.

Esse conjunto de atividades pode ser interpretado como a chave para uma estratégia corporativa ser desenvolvida dentro da empresa, que ganha vantagem competitiva executando essas atividades de forma mais barata, ou melhor, que os concorrentes.

Uma empresa geralmente fundamenta sua competitividade em algumas atividades-chave que são a base de seu poder competitivo. Na figura 9 mostramos um exemplo hipotético em que uma empresa teria como suas atividades-chave interligadas o desenvolvimento de tecnologia, aquisições, operações, logística de saída e assistência técnica. Poderia ser uma empresa da área industrial.

Como exemplo real, podemos citar a Ambev, em que as atividades de marketing e logística de saída são fundamentais para sua operação e competitividade.

Figura 9

Atividades-chave e vinculações

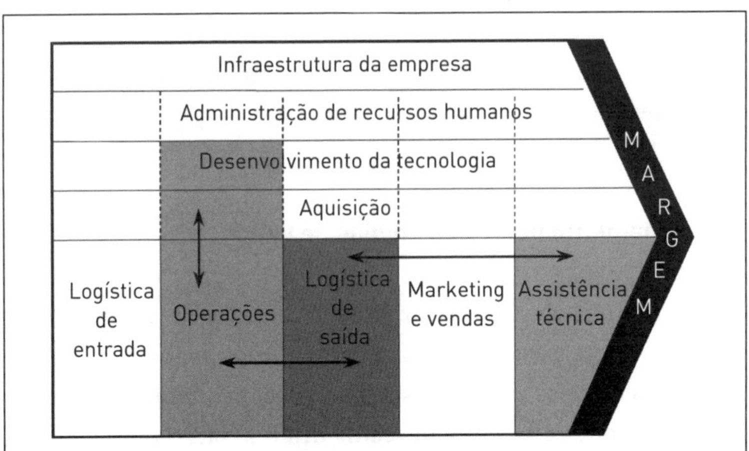

Fonte: adaptada de Porter (1989).

Outro exemplo real: no caso da Embraer, a tecnologia é fundamental, porém é realizada por pessoas – por isso a administração de talentos é extremamente importante –, envolvendo sua área de recursos humanos. Muitas atividades precisam estar relacionadas, gerando forte capacidade sinérgica competitiva. Por exemplo, na indústria hoteleira, a infraestrutura e os serviços de pré e pós-venda são as atividades principais.

Uma empresa de serviços que opte pela estratégia de diferenciação, dentro de seu contexto de mercado e a partir de suas características específicas (recursos, pontos fortes e fracos), deve escolher as atividades principais que serão a base para a implementação dessa estratégia. Assim, deverá direcionar as estratégias vinculadas a cada uma das atividades, por exemplo, no caso do marketing: posicionamento da marca dos serviços, investimentos em comunicação e sistemas de atendimento, fidelização e manutenção no longo prazo. Em recursos humanos: aumentar o quadro de atendentes na área de telemarketing, desenvolver cursos de capacitação em atendimento e implementar um sistema de gestão por competências. Com a formulação estratégica conseguimos, dentro de um contexto ambiental, avaliar as características da empresa, oferecer um direcionamento estratégico para a corporação e alinhar cada ação de marketing em um conjunto de atividades-chave.

Posicionamento pelas estratégias de valor

Treacy e Wiersema (1995) trazem uma contribuição interessante à discussão sobre a estratégia competitiva. Após analisarem empresas líderes em seus setores, esses autores identificaram estratégias praticadas que refletem a busca da diferenciação ou de custos, mas com algumas nuances específicas, separando o processo de diferenciação em alguns componentes que vão além do melhor produto ou serviço.

Na visão desses autores, as empresas que lideram seus segmentos seguem uma série de parâmetros, por eles chamados de "disciplinas", assim descritas:

- *disciplina da excelência operacional* – a empresa tem a oferta de menor preço, mas é também uma oferta confiável e de ótimo desempenho. A combinação entre "preço e desempenho" deve ser imbatível. Exemplo de empresas assim: Fedex, Wal-Mart e McDonald's;
- *disciplina dos líderes em produtos* – a oferta é sempre de produtos e serviços sofisticados, únicos e de tecnologia avançada. Exemplo de empresas assim: Apple, Sony e Nike;
- *disciplina de intimidade com o cliente* – aqui, ocorre a oferta de um produto ou serviço personalizado, feito para a construção de relacionamentos de longo prazo com os clientes. É a melhor solução total para a necessidade do cliente. Exemplo de empresas assim: IBM, Dell e Syngenta.

Como é possível perceber, ainda estamos tratando de conceitos ligados à definição da estratégia genérica de competição, mas vale o alerta que os autores fazem, em particular por indicarem que uma empresa que não seja excelente em custos nem tenha os produtos ou serviços mais diferenciados, ainda assim possa se diferenciar por oferecer a customização, dentro de uma estratégia de entregar soluções "feitas sob medida" para seus clientes. Nossa recomendação é que você considere também esse modelo em situações competitivas mais complexas, pois pode ser uma abordagem auxiliar interessante na identificação de potenciais diferenciadores de seu negócio.

Motivar e envolver as pessoas na estratégia

Um ponto-chave na definição estratégica está no envolvimento e na motivação das pessoas da empresa envolvidas no planejamento e na sua execução.

Uma ideia interessante é apresentada por Simon Sinek, a que ele chamou de "círculo dourado" (Sinek, 2011): a importância de se explicar e de se utilizar o "porquê" da atuação da empresa e de sua estratégia, não ficando apenas no "o quê" e no "como" a empresa atua. Na figura 10, vê-se que o "porquê" é considerado pelo autor o centro da estratégia, o que realmente motiva as pessoas para a ação.

Essa discussão certamente se alinha com o que comentamos no capítulo 1 sobre as diretrizes estratégicas, que podem ser motivadoras e úteis em se congregar pessoas alinhadas para a escolha e posterior execução da estratégia.

Figura 10
O círculo dourado

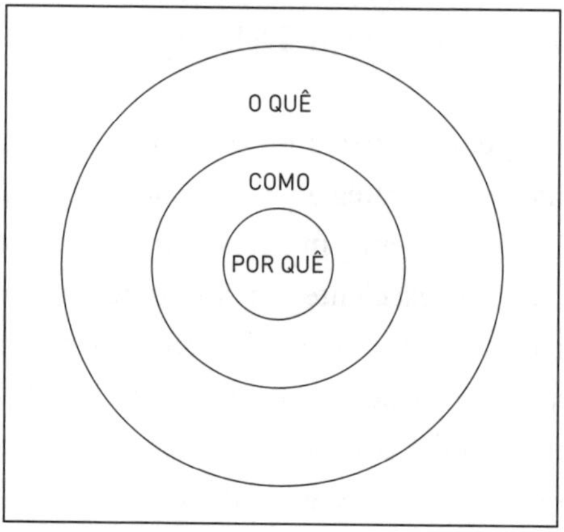

Fonte: Mesquita (2014).

Formulação estratégica hoje

Em muitos ramos de negócios, existe uma situação competitiva na qual os concorrentes são muito parecidos, oferecendo produtos e serviços similares, com preços equivalentes. Isso caracteriza uma hipercompetição, que possibilita aos clientes exigirem produtos diferenciados, prazos de entrega reduzidos, preços baixos, atendimento exclusivo.

Como enfrentar estrategicamente essa situação? Muitas empresas procuram desenvolver suas atividades de maneira mais eficiente, obtendo melhores resultados por meio da produtividade. É inegável que a eficácia operacional é uma condição competitiva importante para qualquer empresa, mas não é suficiente, pois qualquer integrante de um determinado mercado pode atingi-la usando novas tecnologias ou modelos gerenciais.

Mas não se deve confundir eficácia operacional com estratégia (Porter, 1989; Porter, 1996; Porter, s.d.). Estratégia significa posicionar-se competitivamente de forma única e sustentável; realizar atividades diferentes daquelas do concorrente ou de maneira diferente, desenvolvendo um padrão de competitividade que não possa ser facilmente copiado. Significa escolher deliberadamente um conjunto de atividades para fornecer um mix único de valor. Ou seja, a empresa deve ser diferente e oferecer valores diferentes dos que existem no mercado.

Uma estratégia adequada envolve desenhar atividades empresariais que configurem claramente opções excludentes. Ou seja, uma empresa não poderá desenvolver e explorar outra estratégia a não ser que abandone a que está desenvolvendo. Isso diminui a possibilidade de concorrentes de portes diferentes ou estratégias diferentes copiarem a estratégia de outra empresa.

Um exemplo bastante interessante disso é o caso da Southwest Airlines (Freiberg e Freiberg, 2000). Essa empresa do setor aéreo norte-americano procura ser bastante competitiva em trechos curtos de voos regionais, tendo um histórico de sucesso e lucratividade num ramo tão difícil. Para tanto, estrutura suas atividades para obter a máxima diferenciação: alto índice de uso das aeronaves, serviços de bordo limitados, emissão de passagens eletronicamente e utilização de aeroportos de menor porte. A empresa aérea brasileira Gol, na sua origem, tentou se inspirar no modelo da Southwest. Mais recentemente, também a Azul Linhas Aéreas se apresentou como um modelo de *low cost*. Mas as complexidades do mercado aéreo no Brasil são tantas que hoje fica difícil identificar claramente as estratégias das empresas atuantes no setor.

Uma companhia aérea tradicional que desejasse competir com a Southwest Airlines não suportaria essas condições: suas aeronaves são maiores, seus passageiros precisam de serviços de bordo (devido ao maior tempo de voo), seus custos são diferentes por causa da utilização de aeroportos maiores e assim por diante. A Southwest Airlines consegue um nível de competitividade que não pode ser facilmente copiado por seus possíveis concorrentes. Por realizar suas atividades empresariais de forma diferente, ela consegue competir e vencer.

O livro *A estratégia do oceano azul* (Kim e Mauborgne, 2005) traz algumas orientações dirigidas às empresas que pretendem criar novas estratégias exclusivas. Segundo os autores, as empresas usualmente competem pelos mesmos mercados e segmentos, mas deveriam buscar oceanos azuis, ou seja, mercados não atendidos plenamente pelos concorrentes, mudando ou excluindo atividades que compõem a estratégia da empresa, de modo a reduzir o que os clientes percebem como de pouco valor e a agregar outras atividades, mais valorizadas e únicas. Com isso, a empresa não apenas conseguiria a diferenciação, como também reduziria seus custos, resolvendo o tradicional dilema estratégico entre diferenciação e custos, uma vez que modificaria a percepção dos clientes sobre as atividades realmente desejadas. A concorrência passaria a ser irrelevante, pois a empresa deixaria de ter similares, ao menos durante um período. O Cirque du Soleil é citado como exemplo de uma empresa que conseguiu aplicar o "oceano azul". Nesse caso, a empresa modificou sua cadeia de valor da seguinte maneira: eliminou espetáculos com animais e com vários picadeiros; desenvolveu picadeiro único; reduziu vibração e perigo e criou tema, ambiente refinado, várias produções e música e danças artísticas. Sem dúvida as ideias do livro são polêmicas, tanto que receberam, nos últimos anos, muitas críticas, como por exemplo (TRU Group, s.d.):

- a abordagem teórica carece de exemplos práticos mais abrangentes, em setores de mais alta replicabilidade;
- as empresas que parecem adotar a "estratégia do oceano azul" tendem a assumir a forma de nichos de mercado, como é o caso do Cirque du Soleil;
- muitas das suposições e premissas são frágeis e passíveis de contestação;
- pode-se ainda destacar a grande dificuldade de realizar as análises recomendadas, por demandarem pesquisas e dedicação de recursos (Silva, s.d.).

Os mesmos autores (Kim e Mauborgne) lançaram, em 2017, um novo livro, intitulado *A transição para o oceano azul*, respondendo a algumas dessas críticas com exemplos práticos de casos de sucesso de implementação da estratégia do oceano azul em variadas situações empresarias e até mesmo em outras organizações sem fins lucrativos e governamentais. Nessa obra, os autores também apresentam algumas ferramentas interessantes, que visam facilitar a inovação estratégica. Podemos citar como exemplos:

- os "passos" para a transição para o oceano azul: iniciar o processo, entender onde você está agora, imaginar onde você poderia estar, descobrir como chegar lá e fazer seu movimento;
- uma matriz para classificar a empresa em seu setor como "pioneira" (empresa que pratica a inovação de valor com um portfólio futuro de produtos e serviços), "migrante" (empresa que busca a melhoria de valor, migrando de um portfólio de produtos e serviços atuais para um portfólio futuro) ou "conformada" (empresa que mantém o seu portfólio atual de produtos e serviços com imitação da concorrência);
- a montagem da "tela da estratégia", na qual a organização compara suas ofertas com as dos concorrentes, analisando fatores que indicam o valor entregue aos clientes;
- um modelo de busca de não clientes, considerando os "três níveis de não clientes": primeiro nível, não clientes quase convertidos; segundo nível, não clientes refratários; terceiro nível, não clientes inexplorados. A orientação é que a busca do oceano azul deve tentar inovar valor para os clientes de terceiro nível, expandindo mercados.

Os autores (Kim e Mauborgne) ainda mantêm um *website* em inglês muito interessante <www.blueoceanstrategy.com>, que permite o cadastramento gratuito para o acompanhamento de estudos de caso e desenvolvimentos da teoria do oceano azul. Também oferecem, como ferramentas para as análises, planilhas e modelos digitais, acessíveis pelo pagamento de uma assinatura. A abordagem do oceano azul continua sendo instigante, pois estimula uma reflexão estratégica mais ambiciosa e não usual. Recomendamos que você a leve em consideração sempre que enfrentar o desafio de inovar suas estratégias empresariais.

Afinal, a melhor forma de enfrentar o atual contexto competitivo é desenhar o conjunto de atividades de sua empresa para que seus produtos e serviços sejam percebidos como únicos e dificilmente copiáveis. Esse é o resultado ideal de uma formulação estratégica bem-realizada.

Estratégias planejadas e estratégias emergentes

No mutável ambiente de negócios atual, muitas empresas desenvolvem estratégias novas impulsionadas por ações não planejadas. Esse caminho não é o usual para a geração de estratégias, pelo menos quando consideramos a formulação "clássica" estudada até aqui, a qual pressupõe o desenho da estratégia como resultante de um processo analítico complexo e amplo. Mintzberg, Ashlstran e Lampel (2000) chamaram essas estratégias nascidas da prática de "estratégias emergentes", pois "emergem" do dia a dia e podem modificar o planejamento estratégico e as demais estratégias intencionais da empresa. Muito comuns em certos ramos de negócio (como informática e tecnologia), as estratégias emergentes podem e devem ser integráveis ao PEM. Na verdade, o dinamismo desejado só tende a se beneficiar com essa possibilidade. Enquanto as estratégias intencionais norteiam a empresa em sua ação, as emergentes propiciam o aproveitamento de oportunidades e indicam novos caminhos, num processo de aprendizagem organizacional. O desafio do gestor é administrar de maneira adequada a situação, evitando que haja contradições prejudiciais ao negócio.

Posicionamento estratégico

As organizações sabem que não podem atingir todos os consumidores da mesma forma. Assim, é preciso segmentar o mercado e posicionar seus produtos para obter vantagens competitivas em relação aos concorrentes, nos segmentos-alvo de maior potencial e oportunidade para a organização.

Convém lembrar que posicionar significa ocupar um espaço definido na mente do consumidor e, embora a estratégia de comunicação deva assumir uma posição de destaque, ela só será sustentável se os atributos tangíveis do produto forem coerentes com a imagem comunicada.

Quando você define um posicionamento, está definindo como deseja que o produto, a empresa ou a marca sejam percebidos.

Segundo Porter (1999), estratégia é a criação de uma posição única de valor envolvendo um conjunto de atividades diferentes das desenvolvidas por seus concorrentes, ou das mesmas atividades dos concorrentes, só que realizadas de forma diferente. Porter (1999) alerta para a necessidade de um posicionamento sustentável e único, porque uma estratégia visando apenas "ser superior" tem sido superada pelo trabalho de *benchmarking* dos concorrentes.

O posicionamento estratégico consiste em selecionar as vantagens competitivas que deverão ser realçadas para construir uma posição, uma proposta única de valor a ser comunicada ao mercado-alvo para obter sua preferência, ou melhor, sua fidelidade. A eficácia do posicionamento é medida pelo seu sucesso em ser reconhecido por oferecer mais valor aos clientes por meio de diferenciações e de sua adequada comunicação ao mercado-alvo.

Produtos fortes e lucrativos produzem organizações fortes e lucrativas. Assim, todas as decisões de posicionamento estratégico requerem muito cuidado da organização. Além disso, o posicionamento adequado é decisivo na determinação do mix de marketing a ser adotado. Por exemplo, a decisão de lançar um produto de luxo implica construir um produto com características de qualidade superior, permite cobrar preços mais elevados e utilizar canais de distribuição sofisticados, além de promoção em veículos de comunicação direcionados aos clientes-alvo.

Construindo o posicionamento

Para construção de diferenciações é preciso considerar alguns aspectos (Kotler, 2000:320):

- a percepção dos benefícios pelo público-alvo é mais importante do que os atributos do produto em si. É possível criar diferenciações a partir de atributos aparentemente irrelevantes, mas que são percebidos como mais valiosos do que as demais alternativas oferecidas pelo mercado;
- a marca (nome) e o produto com seus benefícios vão interagir numa ligação estratégica, fixando as características e vantagens;
- para escolher o posicionamento mais adequado, geralmente é construído, a partir de análises estatísticas, um mapa de percepção semelhante ao apresentado na figura 11. Uma das maneiras de construir o mapa é apresentando aos consumidores-alvo uma série de trios. Por exemplo, no caso de um fabricante de cosméticos, um possível trio seria Avon, O Boticário e Clarins. Depois, seria pedido a eles que apontassem os dois fabricantes mais parecidos entre si e os dois mais diferentes. A análise estatística dos dados levantados leva à construção do mapa. A proximidade no mapa reflete a proximidade dos fabricantes na mente do consumidor. Faça esse mapa e confirme oportunidades de

posicionamento, por meio de pesquisas de mercado com o público-alvo;

Figura 11
Mapa de posicionamento

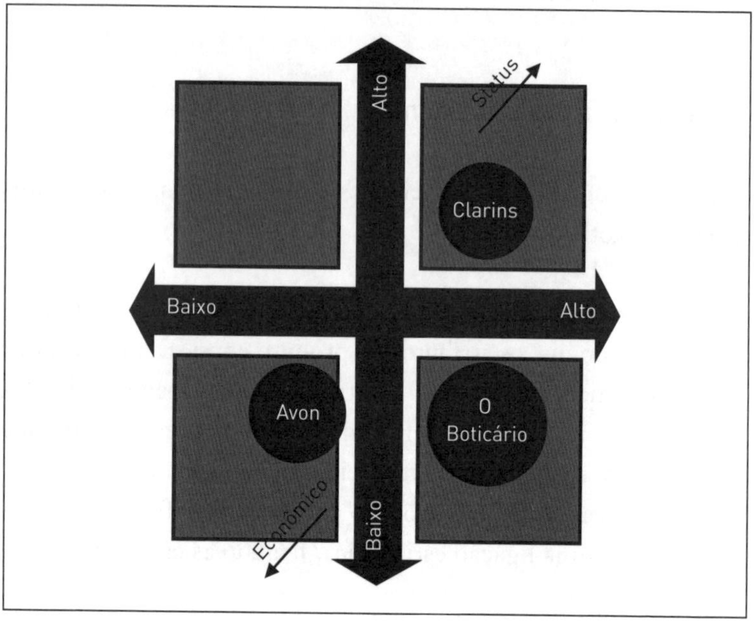

- segundo Ries e Trout (2001:50), uma empresa tem de criar uma "posição que leve em consideração não apenas os pontos fortes e fracos da empresa, mas também dos concorrentes". Convém então não esquecer que o público-alvo vai classificar e hierarquizar seu produto em relação aos concorrentes. Daí a necessidade de buscar um posicionamento destacado, preferencialmente o primeiro a ser lembrado em sua categoria;
- a maioria dos autores concorda que um posicionamento com apenas um diferencial é mais funcional. Nesse caso, cada marca deve buscar um único benefício central e ser o número um nele. Quando existem concorrentes com posi-

cionamentos parecidos, posicionamentos duplos ou triplos podem ser adotados e bem-sucedidos. O desafio, nesses casos, é convencer o público-alvo de que você é o melhor em todos eles.

A última linha do quadro 8 mostra a ação mais apropriada para cada uma das alternativas e a importância da tecnologia para o consumidor-alvo, que está preferindo produtos mais sofisticados tecnologicamente. Assim, o caminho da empresa é investir mais em desenvolvimento tecnológico e na comunicação dos diferenciais conquistados.

Quadro 8

Seleção de vantagens competitivas

Discriminação	Vantagens competitivas		
	Qualidade	Custo	Tecnologia
Posição da empresa	8	6	4
Posição do concorrente	8	8	3
Importância de melhorar a posição	Baixa	Alta	Alta
Disponibilidade e velocidade	Baixa	Média	Alta
Capacidade do concorrente de melhorar sua posição	Média	Média	Baixa
Ação recomendada	Manter	Monitorar	Investir

Fonte: adaptada de Kotler (2000:325).
Obs.: 1 = pior resultado e 10 = o melhor resultado.

A escolha das diferentes abordagens estratégicas

Após analisarmos todos os conceitos deste capítulo, imaginamos que você, leitor, possa estar se perguntando qual a abordagem estratégica mais adequada e efetiva para cada situação.

Whittington (2002) reuniu os pontos de vista sobre estratégia em quatro abordagens principais: clássica, evolucionista, processualista e sistêmica. Esse autor criou uma figura contendo dois eixos – um vertical e outro horizontal – que se interceptam, refletindo as diferentes posições de cada uma das quatro abordagens genéricas em relação aos resultados da estratégia utilizada e aos processos pelos quais elas são implementadas (figura 12). Os eixos são contínuos e medem os diferentes graus de intensidade. O eixo horizontal refere-se aos processos e indica se a estratégia é resultado de cálculos premeditados ou é fruto do acaso. Já o eixo vertical procura mensurar o grau em que a estratégia visa somente o lucro ou dá margem a outros objetivos.

Cada abordagem tem uma visão diferente do que é estratégia e de seu grau de importância para as práticas de gerenciamento, e apresenta respostas diferentes quanto à importância da lucratividade e dos processos utilizados em sua implementação.

Figura 12
Contextos diferentes para a estratégia

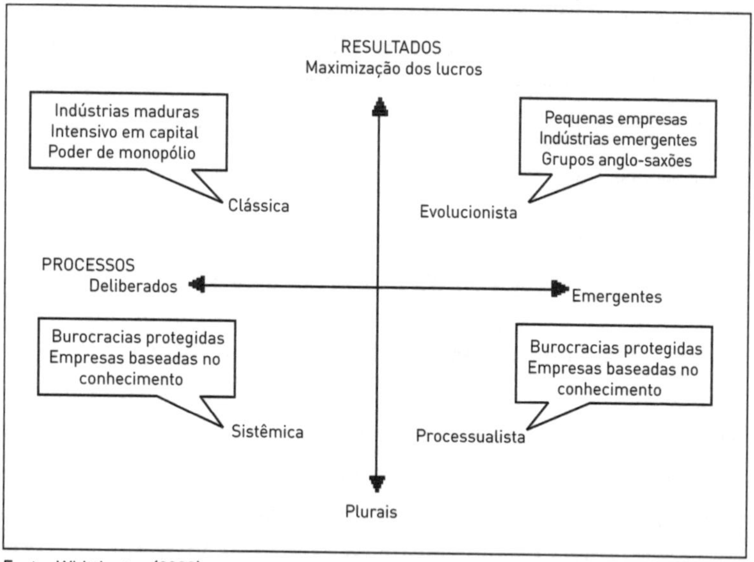

Fonte: Whittington (2002).

Abordagem clássica

É a mais conhecida e utilizada, além de possuir importantes defensores, tais como Ansoff e Porter. Essa abordagem defende que a análise objetiva e racional é essencial para maximizar as vantagens no longo prazo. Um bom planejamento pode resultar no domínio dos ambientes interno e externo. O ambiente externo é visto como uma série de mercados a conquistar.

Existem algumas situações nas quais a abordagem clássica leva vantagem:

- quando os ambientes da empresa são estáveis, a abordagem clássica pode prever o futuro com relativa segurança;
- quando existe uma situação monopolista ou semelhante, os dominantes têm condições de fazer com que suas previsões aconteçam;
- quando os investimentos envolvidos são muito elevados, provavelmente as decisões precisarão ser justificadas o mais racionalmente possível.

Abordagem evolucionista

Os evolucionistas acreditam que não é possível fazer previsões eficazes do ambiente externo, considerado muito hostil, competitivo, agressivo e dinâmico. Para eles, são os mercados, e não as empresas, que selecionam quem deve sobreviver. Desse ponto de vista, o trabalho dos dirigentes é tentar ajustar suas empresas o mais rapidamente possível às exigências dos mercados em que atuam.

Os mercados tendem ao "desamadurecimento", com a penetração de novos *players* ou a adoção de novas tecnologias. Assim, uma abordagem evolucionista pode ser vantajosa em um ambiente altamente competitivo, porque enfatiza que as empresas devem trabalhar com baixo custo, baixo risco e apostas diversificadas.

Abordagem processualista

Os processualistas também não acreditam muito no planejamento de longo prazo, mas têm uma visão mais otimista das possibilidades de sobrevivência das empresas que não conseguem se ajustar rapidamente às exigências do mercado. Acreditam que os processos de seleção do mercado muitas vezes são negligentes. Assim, a não implementação de um planejamento estratégico adequado não implica necessariamente uma desvantagem competitiva mortal. Na prática, acreditam que a estratégia emerge de um processo pragmático de aprendizagem e comprometimento.

As abordagens processualistas são típicas de empresas do setor público, com burocracias protegidas, ou de empresas baseadas no conhecimento e com capital intelectual poderoso, as quais são mais bem-dirigidas de baixo para cima.

Abordagem sistêmica

Os sistêmicos consideram a estratégia importante, mas não partilham dos mesmos pontos de vista dos clássicos. Eles acreditam que o ambiente social é capaz de gerar outros interesses que até podem sacrificar o lucro. Para eles, os eventuais desvios do objetivo de maximização do lucro podem ser racionais dentro da cultura específica em que estão inseridos, porque, muitas vezes, a sociedade possui outros critérios, além do lucro, para ajudá-la a sobreviver. O ambiente externo é visto como um complexo de interesses políticos, econômicos e sociais que interagem.

A abordagem sistêmica busca a racionalidade entre os vários caminhos de que o planejador dispõe, à luz do diagnóstico da lógica operacional local. Onde o contexto permitir, a maximização do lucro será recomendada.

Qual abordagem utilizar?

Talvez a abordagem sistêmica nos ajude a escolher, já que nela a efetividade de uma estratégia depende do nosso contexto e das regras do jogo desse mesmo contexto. Assim, para Whittington (2002), a chave está em adequar a estratégia ao mercado, aos ambientes e às organizações. Desse modo, todas as abordagens podem ter sua vez, o que lança um desafio adicional aos gestores.

Estratégia em *startups*

O crescimento do número de novas empresas iniciando sua atuação no mundo dos negócios só tem aumentado, no Brasil e no mundo. Muitas vezes chamadas de *startups*, principalmente quando são empresas ligadas à área de tecnologia, esses novos empreendimentos também precisam ter suas estratégias de negócio definidas.

Podemos dizer que todas as abordagens e ferramentas discutidas até aqui podem e devem também ser utilizadas no planejamento estratégico de marketing de *startups*. Não há limitações, apesar de, em muitos casos de desenvolvimento de novos modelos de negócio, a busca de estratégias emergentes (Mintzberg, Ashlstran e Lampel, 2000) se tornar muito mais relevante do que as análises mais clássicas.

O "ecossistema" ligado ao mundo das *startups* é amplo e diversificado, tanto no exterior quanto no Brasil. Entidades como o

Sebrae (s.d.) e a Endeavor Brasil (s.d.) oferecem cursos, *e-books*, ferramentas e *networking* para quem está enfrentando esse desafio.

Livros e autores também são muitos. Mas especificamente no que se refere a tentar a inovação estratégica, sugerimos a você uma leitura instigante: o livro *De zero a um*, de Peter Thiel (2014), que foi cofundador da PayPal e investidor no Facebook. Com toda a sua experiência, Thiel propõe que a verdadeira *startup* inovadora deveria não buscar melhorias de negócios já existentes, o que ele chama de "levar um negócio de 1 a n", mas sim criar algo inusitado que seja uma mudança radical, saindo do nada para algo único, por isso o "de 0 a 1". Claro que esse processo é complexo, e para lidar com isso o autor sugere uma série de questionamentos e exemplos de sua experiência.

Se você está envolvido ou pretende se envolver com uma *startup*, talvez termine a leitura com mais questões do que respostas... mas é justamente aí que está o mérito dessa obra.

Ferramentas complementares: o uso de *canvas*

Uma abordagem inovadora da definição estratégica é apresentada por Alexander Osterwalder e Yves Pigneur (2011), no livro *Business model generation: inovação em modelos de negócios*. Vale a pena comentá-la aqui, pois algumas ferramentas apresentadas podem ajudar você a aprimorar e rever as estratégias do seu negócio.

Como o próprio título da obra indica, os autores apresentam suas opiniões sempre com o foco na inovação, trazendo algumas ideias muito usadas no mundo das *startups* para as empresas que procuram novos modelos de negócio. Isso inclui a utilização de processos de trabalho colaborativos (o próprio livro traz vários autores colaboradores), aplicação de conceitos de *design thinking* e outras ferramentas de inovação. Estas são compiladas em um "quadro do modelo de negócios", também chamado de *canvas* (do inglês, "tela" ou "quadro"), que apresentamos na figura 13 a seguir.

Figura 13
Modelo de negócios *canvas*

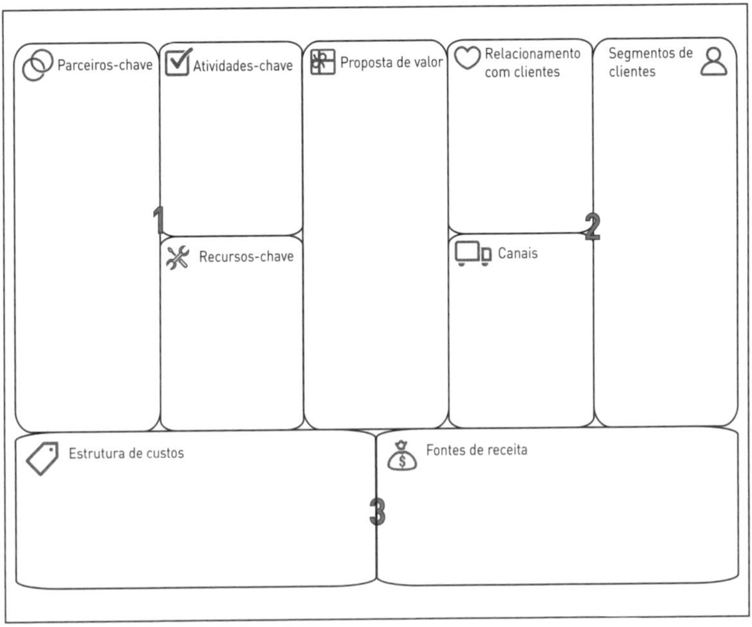

Fonte: Osterwalder e Pigneur (2011).

Alguns comentários sobre o *canvas*:

- O preenchimento do *canvas* pode ser feito com muito mais qualidade se você utilizar todas as ferramentas de análise estratégicas apresentadas anteriormente neste livro. Exemplos: os dados da análise Swot podem ser aplicados na definição de segmentos de clientes focados, refletindo as "oportunidades" descobertas. A proposta de valor a ser entregue pode ser baseada nos "pontos fortes". Da análise das cinco forças de Porter, algumas informações importantes podem ajudar a identificar quem seriam os parceiros estratégicos no *canvas*. Da análise de ambiente interno, podemos inferir quais seriam os recursos-chave no *canvas*, e assim por diante.

- A grande vantagem do *canvas* está em resumir a estratégia em um quadro visualmente unificado, podendo ser utilizado em reuniões de planejamento, para o envolvimento das equipes da empresa. Debates, geração de ideias, uso de *design thinking* e mesmo a simples dinâmica de utilização de *post-its* em papel, ou *post-its virtuais*, acabam sendo muito úteis na busca por engajamento e motivação.

Apesar de algumas ideias utilizadas no livro refletirem algum "modismo" sobre as teorias em voga na década de 2010, a proposta de se buscar inovação nos modelos de negócio é bem interessante e merece consideração do *designer* da estratégia.

Outro ponto de atenção é que o *canvas* pode ser uma ferramenta incompleta para lidar com organizações maiores e mais complexas. Em corporações muito grandes, com inúmeras áreas de negócio, pode ser impossível simplificar todo o negócio numa única tela. Talvez nesse caso o *canvas* deva ser feito por unidade de negócio, linha de produto, ou ainda por segmentos distintos, países ou regiões geográficas etc.

De todo modo, a definição estratégica já se dá hoje num cenário de grandes mudanças no mundo dos negócios, e outras transformações já presentes devem se intensificar nos anos 2020, como a ampliação do uso da tecnologia *mobile* e seu impacto nas redes e relações sociais, o uso de inteligência artificial transformando negócios e profissões, a redefinição das relações interpessoais no trabalho e a complexa inserção no contexto internacional, ainda mais num país tão cheio de contradições como o Brasil. Fala-se muito que tudo isso causa "disrupção" nos mercados e nas empresas, modificando totalmente as regras do jogo empresarial com imensa velocidade.

Aos autores, parece indispensável a inovação estratégica para que as empresas acompanhem as mudanças, antecipem tendências e mantenham sua relevância e atualização. Assim, cabe a você, caro leitor, também atuar como um inovador estratégico. Esse é o desafio atual e das próximas décadas.

Estratégia corporativa e marketing mix

É importante distinguir entre o que é estratégia corporativa da empresa e estratégia de marketing mix. Estratégia corporativa é um direcionamento geral que irá envolver e dirigir todas as atividades da empresa, ao passo que as estratégias vinculadas ao marketing mix são direcionamentos específicos e vinculados a cada atividade de marketing da empresa. O grupo de atividades que uma empresa executa dentro do seu contexto de marketing deve estar alinhado com sua estratégia corporativa. Por exemplo, a empresa pode optar pela estratégia corporativa de diferenciação, ou agregação de valor em todos os seus produtos e serviços (Kotler, 1996:102).

Esse é um direcionamento geral para todas as atividades da empresa e que precisa ser detalhado em sua forma de execução. Para tanto, criamos as estratégias vinculadas às atividades de marketing da empresa no caso de um planejamento estratégico de marketing. Vejamos alguns exemplos de estratégias vinculadas ao marketing mix:

- desenvolver novos produtos para completar o portfólio da empresa;
- melhorar o nível de relacionamento e a fidelização de clientes da empresa;
- reposicionar a marca da empresa em relação ao mercado;
- diferenciar produtos e serviços, melhorando sua qualidade;
- definir uma estratégia de distribuição *omnichannel*;

- utilizar marketing de conteúdo, para posicionar a empresa como autoridade no setor (Pulizzi, 2017).

O conjunto de todas as estratégias vinculadas ao marketing mix dá forma e corpo à estratégia corporativa de uma organização. Por isso vale frisar a importância de se ter um marketing mix bem desenhado e atualizado, com o uso de todas as ferramentas tecnológicas atuais e de redes sociais – o assim chamado "marketing de conteúdo" (Miceli e Salvador, 2017). A convergência do "marketing digital" com o assim chamado "marketing tradicional" já é uma realidade e só deve evoluir em intensidade ao longo dos próximos anos, de tal forma que a fusão entre estas abordagens se caracterize como um novo modo de se pensar e atuar em marketing, como frisaram Kotler, Kartajaya e Setiawan (2017) no livro *Marketing 4.0*.

A relação entre o planejamento estratégico de marketing e o marketing digital também evolui nessa direção. O mundo está em mudança acelerada, e a forma pela qual as empresas entregam valor para os clientes e consumidores também. A necessidade de desenvolvimento de canais digitais para a entrega de valor, produtos e serviços, além da gestão e construção de relacionamento com seu mercado, altera a forma pela qual as empresas lidam com seu planejamento e aplicam o marketing no dia a dia, abrindo um leque totalmente novo de possibilidades de geração de valor e também de desafios.

Vaz (2011) nos indica que no desenvolvimento do marketing digital uma empresa se depara com os seguintes desafios para implementar sua estratégia: pesquisa, planejamento, produção de conteúdo, publicação, promoção, propagação, personalização e precisão. Esses pontos podem ser assim detalhados como se segue.

- *Pesquisa* – busca-se identificar o comportamento e as características intrínsecas de um público-alvo ao qual desejamos aplicar e desenvolver valor por meio de uma oferta específica de um produto ou serviço. Entender exatamente o que o consumidor pensa, como se comporta e quais são as oportunidades que o mercado tem em relação a ele é a melhor abordagem para se trabalhar com marketing digital, pois existem ferramentas que possibilitam a extrema segmentação e o direcionamento adequado de propostas de valor e posicionamentos específicos para segmentos muito bem-delineados. É comum criar o que chamamos de *persona* ou "avatar" – a mentalização e recriação fictícia de uma personagem que resume o que seria esse nosso público-alvo.

- *Planejamento* – é o desenvolvimento, em todos os seus detalhes, de toda a jornada de busca de informação, relacionamento e consumo que nosso público e cliente terá em todos os meios digitais envolvendo um negócio, desde a criação de funil de vendas, captura de *e-mails*, produção de *posts* em redes sociais, *blogs* e *sites* específicos e ferramentas de CRM. É o desenho e criação de um conjunto completo, dentro de um escopo de planejamento e estratégia.
- *Produção de conteúdo* – é a concretização da produção do que antes era uma ideia que foi planejada em uma máquina estruturada de relacionamento, vendas e geração de valor para os clientes e consumidores. Utilizam-se várias ferramentas disponíveis no mercado (plataformas) ou desenvolvidas pelas próprias empresas para criar valor para os mesmos. Estão nessas ferramentas todas as redes sociais possíveis de serem utilizadas, e *sites* estruturados, *landing pages*, *minisites*, sistemas CRM para relacionamento incluindo sistemas de autorresposta, com uso de ferramentas de inteligência artificial para modelar e criar ofertas personalizadas para cada perfil de cliente em função de sua navegação e comportamento histórico dentro de um *site*, por exemplo. Hoje

em dia muitos dos *marketplaces* mais conhecidos utilizam ferramentas de inteligência artificial para realizar vendas cruzadas e ofertas exclusivas para perfis de clientes com base em seu comportamento de compra passado e sua navegação.

- *Publicação* – essa etapa é extremamente importante, pois trata-se de gerar conteúdo de valor e de interesse direto do perfil de cliente e consumidor escolhido. É a publicação desse conteúdo que gera tráfego para as ferramentas de relacionamento e vendas, entregando resultado para a empresa. O marketing digital feito com boas publicações com certeza trará maiores vendas e maior fidelidade à marca, e também mais valor gerado para o mercado. É aqui que podemos amplificar a audiência por meio da viralização de conteúdos criados utilizando as redes sociais mais conhecidas. É interessante notar que nas publicações a empresa apenas administra os conteúdos iniciais, pois dentro do princípio de relacionamento com seu mercado, os clientes e consumidores também criam conteúdos e podem amplificar ou não qualquer informação criada, gerando assim maior audiência e posicionamento de marca, além de uma relação mais próxima com a empresa.
- *Promoção* – a promoção nada mais é do que mostrar para o mundo, por meio de uma boa comunicação, o valor que a empresa oferece em seus produtos e serviços, para atrair diretamente o público desejado para o seu *site*, aumentando a taxa de conversão da venda de produtos e serviços e também gerando relacionamento de longo prazo. Essa divulgação pode se dar por intermédio de anúncios pagos em meios digitais, utilizando-se ferramentas clássicas, mas também pode ser desenvolvida por meio das ferramentas de comunicação tradicionais em mídias de massa e outras mídias convencionais. É aqui que o mundo do marketing digital e do marketing clássico se encontram.

- *Propagação* – um bom conteúdo, uma boa mensagem e uma boa marca de serviços ou produtos devem desenvolver a ideia de propagação, ou seja, aumentar sua capilaridade dentro de redes sociais e de relacionamento, ampliando, assim, a exposição da marca, dos produtos e dos serviços oferecidos. Essa propagação se dá mediante um trabalho muito benfeito nas etapas anteriores, ou seja, um bom alinhamento de público-alvo, oferta adequada, planejamento estruturado e boa promoção vai fazer com que a empresa e suas ofertas possam se propagar ("viralizar") nas redes sociais e ampliar sua capilaridade, atingindo um público muito maior do que foi desenhado inicialmente.
- *Personalização* – são estratégias de marketing de relacionamento e ofertas de produtos desenhadas especificamente para segmentos muito bem-determinados. Dadas as características intrínsecas do marketing digital, isso é possível de ser alcançado por meio do estudo adequado e de comportamento real de compra e de relacionamento em redes sociais. Isso possibilita que a empresa possa adequar oferta e comunicação para segmentos muito bem-determinados.
- *Precisão* – pelas características inerentes do marketing digital, é possível mensurar diretamente investimento e retorno em todas as etapas e fases envolvendo qualquer ferramenta do marketing digital e estudar como se dá a conversão em resultado por todo o funil de vendas. Por essa característica é possível realizar uma análise de performance e ampliar resultados por meio da mensuração criteriosa de indicadores-chave de performance. É possível também realizar testes de desempenho envolvendo canais, *sites*, páginas de venda e diferentes anúncios, buscando de forma empírica aqueles que trazem melhor resultado, fazendo evoluir o desempenho de forma natural e precisa.

Fica assim bem explícito que o PEM atual deve ser um integrador das estratégias clássicas de marketing mix com as estratégias digitais de marketing mix. Com isso, o planejamento não só será mais consistente, mas também mais direcionado à prática e à execução exitosa. Exploraremos este assunto com mais detalhes no próximo capítulo.

4
Fazendo o PEM acontecer

É a hora de definir efetivamente o que será realizado, escolher e selecionar ações que viabilizem implantar a estratégia e atingir os objetivos propostos. Essas ações devem formar um conjunto orgânico e sistemático, compondo um programa de ação.

As ações desse programa são prioritariamente de marketing, mas não exclusivamente. Até porque muitas das decisões tomadas na implantação dessas ações requerem o apoio e interferem em outras áreas da empresa, como vendas, recursos humanos, finanças, engenharia, produção e logística.

A implementação do PEM – início do passo 5 do PEM

Não adianta construir um ótimo planejamento se as áreas da empresa não o executarem. Para a execução e implementação, é imprescindível o apoio e o suporte da alta gerência da organização. Além disso, é primordial que todas as áreas da empresa estejam alinhadas e conscientes de seu papel no contexto da implementação. Em muitos casos, as empresas desenvolvem ótimos planejamentos, mas com uma capacidade de executá-los muito pequena, jogando fora, dessa maneira, todo o esforço anterior da equipe diretora.

Kotler (2000) define a implementação de marketing como um processo que transforma os planos de marketing em ações específicas e assegura a execução dessas ações, realizando os objetivos estabelecidos pelos planos. Destaca-se ainda que enquanto a estratégia aponta o "o quê" e o "porquê" das atividades de marketing, a implementação indica "quem, onde e como".

Para estudar o processo de implantação, usaremos como fonte de referência Bonoma (1985). A chave do relacionamento entre a estratégia de marketing e a implementação pode ser expressa por meio da seguinte proposição: a estratégia afeta a ação, e a ação afeta a estratégia, como se vê na figura 14. Essa inter-relação é extremamente importante, visto que muitas vezes os administradores não reconhecem ou percebem a ligação entre essas duas variáveis. Ou seja, a maneira pela qual implementamos a estratégia de marketing atual irá influenciar a estratégia futura de marketing. O desenho da estratégia pode ser modificado durante a implementação e isso é uma característica atual de todo e qualquer planejamento de marketing nos contextos de mercado e concorrência vigentes.

Podem surgir problemas durante a implementação. Na maioria dos casos, estão ligados a dificuldades operacionais, erro na formulação estratégica ou uma combinação desses fatores.

Na figura 14, mostramos a estreita relação entre a estratégia adotada pela empresa e sua capacidade de implementá-la.

As estratégias de marketing podem ser apropriadas ou não e sua implementação pode ser boa ou ruim. Quando a estratégia não é apropriada e a implementação é ruim, temos o caso de fracasso. Se a gerência corrigir a estratégia, os programas de marketing da empresa ainda serão falhos porque não poderão ser executados adequadamente. Por outro lado, se a gerência de marketing da empresa corrige os problemas relacionados com a implementação, a organização conseguirá apenas implementar uma estratégia que é falha.

Figura 14
Estratégias e implementação

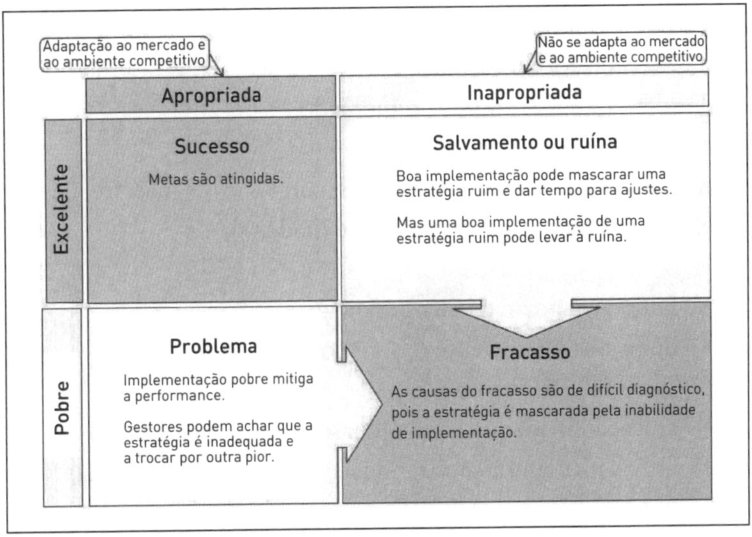

Fonte: Whittington (2002).

Quando a estratégia é apropriada, mas a implementação é ruim, pode-se mascarar ou mesmo distorcer a capacidade estratégica. Muitas vezes, a empresa altera a estratégia quando, na verdade, deveria alterar a implementação. Quando a estratégia desenhada não é adequada, mas a capacidade gerencial de implementação é boa, fica difícil prever as consequências dessa combinação. Uma boa implementação pode ajudar a empresa a diminuir os efeitos de uma estratégia inadequada.

A efetiva implementação de uma estratégia decorre da estrutura interna da empresa, suas políticas, procedimentos e recursos. Essas variáveis devem estar de acordo com as exigências da estratégia a ser implementada.

Se essas variáveis permitirem, a empresa pode fazer uma implantação estratégica no estilo *big bang*, ou seja, uma implementação rápida e intensa, usando a base de clientes e a tecnologia digital, em um "efeito de rede", para obter logo os resultados esperados, construindo uma "plataforma" de negócios. Esse conceito é particularmente interessante para empresas digitais e *startups*, como foi no caso do Twitter no seu começo, em 2007, e do Tinder em 2012, ambos no mercado norte-americano (Parker et al., 2016).

Ao mesmo tempo, há cuidados a tomar. Os erros mais frequentes na implementação e que devem ser evitados são:

- falta de suporte da alta gerência;
- definição insuficiente das responsabilidades;
- contradição estrutural;
- alocação inadequada de recursos;
- falhas na comunicação interpessoal e endomarketing;
- incompetência gerencial ou operacional;
- influências políticas;
- falta de acompanhamento técnico (*coaching*);
- erro no cronograma (*timing*).

Durante todo o processo de implementação, outras variáveis, internas ou externas à organização, poderão acontecer, influenciando o resultado final e desviando dos objetivos propostos.

O desafio do executor é antecipá-las e criar caminhos contingenciais para superá-las, dentro de um processo no qual os controles estratégicos estejam direcionados para o aprendizado organizacional (Nogueira, 2015).

Projeções

Para a conclusão do seu PEM, ainda é necessário realizar projeções dos resultados desejados. Essa análise é fundamental, visto que possibilita prever e avaliar o sucesso do negócio, permitindo ajustes e controles dos processos de implantação (Kotler, 2000:111).

Após os planos de ação detalharem a implementação das estratégias selecionadas, que conduzirão a organização das metas que foram estipuladas, surge uma questão em relação ao trabalho realizado: será que o PEM é factível? Afinal, ninguém gosta de fazer maus negócios. Para se obter apoio para a implantação, a credibilidade pessoal do planejador ajuda, mas não é suficiente. É preciso que o resultado projetado seja aceitável.

O PEM será considerado factível quando for comprovado que os benefícios que ele trará para a organização ou para a comunidade serão superiores aos custos da sua implantação. Mesmo as organizações sem fins lucrativos buscam dar um retorno à sociedade. Elas procuram, de alguma maneira, demonstrar que os recursos que lhes são confiados serão empregados eficientemente. No mundo dos negócios, a preocupação com os resultados quantitativos é muito mais intensa. Afinal, uma empresa até pode ficar algum tempo tendo prejuízo, mas certamente não conseguirá ficar acumulando prejuízos indefinidamente. Surge então uma nova questão: qual é a relação custo/benefício do PEM? Responder a esta questão nem sempre é fácil, principalmente para aqueles que são pouco afeitos à área financeira. No entanto, as dificuldades financeiras não devem se tornar um obstáculo intransponível, pois sempre se pode pedir auxílio a colegas mais familiarizados com o assunto.

Normalmente, as projeções financeiras destinadas à avaliação do PEM são construídas a partir dos planos de ação, já que eles costumam distribuir as diferentes tarefas ao longo do tempo e alocar os recursos financeiros necessários para a implementação de cada uma.

O nível de sofisticação das projeções financeiras pode variar muito de organização para organização, principalmente em função do montante de recursos envolvidos.

O primeiro passo para a avaliação financeira de um PEM deve ser a construção de uma projeção de vendas, o que pode ser feito com base nos dados levantados, tais como capacidade produtiva, análise da concorrência, do mercado e estratégias de marketing adotadas. Recomendamos um cálculo conservador das receitas, levando em conta fatores como a sazonalidade, que pode impactar fortemente o resultado final. A maneira mais comum é começar fazendo as projeções em unidades, para depois estimar os preços nos diferentes segmentos de mercado ou diferentes canais de distribuição que serão utilizados, calculando então o montante do faturamento projetado. É imprescindível que nos relatórios das projeções financeiras estejam sempre as memórias dos cálculos mais complicados e notas explicativas a respeito dos critérios adotados para a montagem das projeções. Por exemplo: é preciso explicar por que, na projeção de faturamento, foi utilizado um preço médio com base no comportamento passado do mercado, ou por que não estão considerados os efeitos inflacionários.

Quanto aos dispêndios, recomendamos demonstrar todos em que a organização vai incorrer no período da projeção. Nesse ponto, convém lembrar, mais uma vez, que o nível de detalhamento ou sofisticação das projeções orçamentárias pode variar desde os métodos mais elementares aos mais sofisticados modelos computadorizados. O método mais usual é a projeção do demonstrativo de resultados do exercício, também conhecido como lucros e perdas (*profits & losses* – P&L), a partir do qual se constrói um fluxo de caixa (*cash flow*).

Demonstrativo de resultados (P&L)

O demonstrativo de resultados, ou lucros e perdas, ou ainda P&L, e o balanço patrimonial são os principais relatórios financeiros utilizados pelas organizações. O P&L mostra o faturamento (vendas) da empresa, o custo do produto vendido e todas as demais despesas, e, no final, ainda mostra o resultado (lucro ou prejuízo) obtido no período considerado. É o instrumento de análise de maior utilidade para quem trabalha no gerenciamento de negócios, não importando a área de atuação, pois quantifica os resultados das ações realizadas e permite comparações e avaliações entre diferentes períodos, filiais e até com os P&Ls de empresas concorrentes. Para sistematizar essas comparações, são utilizados índices analíticos, auxiliares importantes do planejador na tomada de decisão (Gitman, 2002:102).

Das ferramentas construídas a partir dos demonstrativos contábeis, a mais utilizada é a taxa de retorno sobre o investimento (*return over investment* – ROI), que nos fornece uma medida da eficiência da empresa em obter lucros a partir dos ativos disponíveis. Em princípio, quanto maior o ROI, maior a eficiência, mas convém lembrar que a avaliação só ganhará consistência quando comparada com as taxas obtidas por seus concorrentes. Para calcular a taxa de retorno sobre o investimento é utilizada a fórmula Dupont (Gitman, 2002:127), apresentada a partir de dados do balanço patrimonial e do P&L.

$$\text{ROI} = \text{margem líquida} \times \text{giro dos ativos totais}$$

ou

$$\text{ROI} = (\text{lucro líquido após IR/vendas líquidas}) \times (\text{vendas líquidas/investimento})$$

A margem líquida espelha a lucratividade em relação às vendas geradas, e o giro dos ativos totais indica a eficiência no uso dos ativos para gerar vendas. A combinação desses dois índices resulta no ROI, que determina a eficiência global na obtenção de lucros com os ativos disponíveis.

O investimento na fórmula Dupont é definido como o ativo total médio da empresa (veja balanço patrimonial). Ele pode ser calculado tomando-se o valor do início do período mais o valor do final do período e dividindo-se o resultado por dois.

Fluxo de caixa

O fluxo de caixa é a principal ferramenta para planejamento financeiro, pois demonstra como e quando ocorrerão as entradas e saídas de caixa, ou seja, demonstra a movimentação financeira da organização (Gitman, 2002:81). O processo para elaborar um fluxo de caixa a partir da projeção do demonstrativo de resultados do exercício é muito simples. O primeiro passo consiste em adicionar ao lucro líquido após o imposto de renda (última linha do demonstrativo de resultados) todas as despesas que não são saídas de caixa, tais como depreciações e amortizações das despesas pré-operacionais, para encontrar o fluxo de caixa líquido de cada período projetado. Quando a organização compra algum bem durável, a legislação brasileira prevê, conforme uma tabela preestabelecida, a vida útil de cada bem e o prazo com que poderemos depreciá-lo, ou seja, o quanto poderá ser levado à despesa em cada exercício projetado.

O mesmo critério aplica-se às despesas pré-operacionais que, obviamente, são aquelas que ocorrem antes de a empresa entrar em operação. Nesse caso, você também tem o desembolso em um período, mas é obrigado pela legislação a considerá-lo despesa parcelada, ou seja, apenas um montante correspondente a 20% do gasto total em cada exercício. Na verdade, os procedimentos sugeridos buscam, por meio de pequenas adaptações, aproveitar os dados contábeis que todas as empresas já possuem.

Outra opção para construir um fluxo de caixa para a organização é listar todas as entradas e saídas de caixa que irão ocorrer em cada um dos períodos considerados. Em todos os casos, a diferença entre as entradas e as saídas de caixa previstas é o saldo de caixa, o fluxo líquido de caixa projetado. O saldo de caixa do período e o saldo de caixa acumulado são os números mais aguardados. Afinal, são eles que nos dizem se o que planejamos é factível financeiramente ou não, se a relação custo/benefício é positiva ou não; enfim, se o plano é um bom negócio.

Os números dos orçamentos são muito importantes, pois deles depende a credibilidade do planejamento. Os orçamentos são tão relevantes que o usual é que sejam submetidos à direção para estudos e posterior aprovação ou modificação.

Com bom senso, é possível estabelecer simplificações, tais como fazer um agrupamento de despesas similares em um único item, ou fazer as projeções em R$ 1 mil ou US$ 1 mil, conforme o caso. As simplificações facilitarão muito seu trabalho sem mudar substancialmente a qualidade dos números projetados.

O esperado em um relatório é a demonstração de que o lucro adicional gerado pela implantação do plano compensa os custos.

Uma conversa com os colegas da área financeira ajuda na determinação do nível de sofisticação mínima necessário nas projeções e de quais itens de despesa merecem ser destacados nos relatórios em função do acompanhamento das metas do plano.

Avaliações financeiras

Após construirmos uma projeção do nosso fluxo de caixa, surgem outras questões, e a primeira diz respeito às ferramentas de avaliação de investimentos que devemos utilizar. As opções de ferramentas são muitas, mas há três mais usuais, que provavelmente são as mais utilizadas em todo o mundo (Gitman, 2002:326):

- *payback*;
- valor presente líquido (VPL);
- taxa interna de retorno (TIR).

O *payback* busca responder qual o prazo em que o investimento retornará. Mensura o tempo necessário para recuperar o investimento inicial. Segundo os analistas, quanto mais rápido ocorrer o retorno de um investimento, melhor e mais atrativo será o projeto. Tradicionalmente, essa ferramenta não leva em consideração o valor do dinheiro no tempo; entretanto há uma variante que considera essa possibilidade. Como existem duas possibilidades, deixe sempre claro qual o critério utilizado.

A segunda ferramenta é o valor presente líquido (VPL) ou *net present value* (NPV), calculado subtraindo-se do somatório de todos os fluxos de caixa futuros, devidamente descontados a uma determinada taxa, o valor do investimento inicial. Se o VPL é positivo, isso indica que o PEM é atrativo porque o retorno do investimento será positivo; caso contrário, o PEM será inviável.

Em decorrência do VPL, surgem novos questionamentos tais como: qual o retorno mínimo que a organização pode considerar adequado, ou qual o prazo considerado para a avaliação do PEM. Os números que respondem a essas questões irão variar em função da taxa de juros, que funciona como o "guarda-chuva" que abriga e reflete todas as incertezas do mercado e dos ganhos que a organização espera obter em função do risco a que está se expondo. O normal é que as organizações fixem uma taxa mínima de atratividade que reflita os ganhos mínimos que ela espera obter ao investir seus recursos. Esse número serve para balizar os colaboradores. Quanto ao prazo que será utilizado para análise, precisa ser compatível com o horizonte de tempo abarcado pelo PEM, considerando os períodos já consagrados pelo mercado para a mesma indústria ou setor da economia.

A terceira ferramenta considerada muito popular é a taxa interna de retorno (TIR), também conhecida como *internal rate of return* (IRR). É a taxa de juros que, aplicada aos fluxos de caixa futuros, faz com que seu somatório se iguale ao valor do investimento inicial. Se a taxa encontrada for superior à taxa mínima de atratividade da organização, o PEM será atrativo.

Feedback e controle – início do passo 6 do PEM

Recomendamos que na última seção do relatório sejam descritos os controles que serão usados para acompanhar o progresso das estratégias implementadas. Nada mais lógico que, na elaboração de um PEM, já fique previsto, no próprio plano, de que maneira se darão o *feedback* e o controle do que foi planejado e quem será responsável pela avaliação e acompanhamento (Armstrong, 1995:35).

As mudanças no mundo dos negócios estão ocorrendo em velocidade crescente, e em função disso os ambientes externo e interno da organização precisam de um monitoramento constante. De acordo com essa constatação, as metas de um PEM vêm sendo apresentadas com uma constância maior. As metas que tradicionalmente eram apresentadas numa base trimestral estão sendo apresentadas em base mensal. A velocidade de reação da organização, proporcionada por uma periodicidade maior de acompanhamento, pode ser crucial para sua sobrevivência em mercados altamente competitivos.

Os responsáveis pelo acompanhamento do PEM deverão relatar as divergências entre o previsto e o realizado e os eventuais problemas encontrados, apresentando também as medidas corretivas para saná-los.

O sistema de controle e acompanhamento atua sobre as pessoas que têm a responsabilidade de realizar as ações previstas pelo PEM. Em vista disso, recomenda-se que os responsáveis pela execução tenham seus nomes vinculados a cada uma das atividades previstas, numa clara atribuição de responsabilidades. Afinal, em uma empresa cobramos a performance das pessoas responsáveis pelo seu gerenciamento.

É importante que a descrição do processo de controle e acompanhamento escolhido esteja detalhada no relatório do PEM. Há vários métodos de controle e acompanhamento, que são feitos por meio da programação das atividades. Podemos citar o quadro de programação, os cronogramas e as redes Pert/CPM.

O método mais utilizado é o quadro de programação, uma das ferramentas mais simples, porque é composto basicamente de apenas três elementos: a atividade, a data-limite e o responsável pela execução, conforme exposto no quadro 9.

Quadro 9
Programação

Atividade	Data-limite		Responsável
	Início	Final	
Atividade 1	dd/mm/aa	dd/mm/aa	
Atividade 2	dd/mm/aa	dd/mm/aa	
Atividade 3	dd/mm/aa	dd/mm/aa	
Atividade 4	dd/mm/aa	dd/mm/aa	
Atividade 5	dd/mm/aa	dd/mm/aa	
Atividade 6	dd/mm/aa	dd/mm/aa	

Na elaboração dos quadros de programação, recomenda-se que se relacionem somente as atividades principais. O excesso de detalhamento não irá melhorar a qualidade do controle e acompanhamento do PEM. É importante que as diferentes atividades sejam colocadas em ordem cronológica crescente, para facilitar o trabalho de acompanhamento.

Os cronogramas são outra ferramenta de controle e acompanhamento muito utilizada (Joyce, 1999:82). Os cronogramas obedecem aos mesmos princípios do quadro de programação. No entanto, sua representação gráfica é muito mais sofisticada. Seu modelo geral é uma matriz em que nas linhas são dispostas as atividades e nas colunas são registrados os intervalos de tempo transcorridos. A duração da atividade é o intervalo de tempo em que se espera que seja executada cada atividade. É representada por uma barra horizontal. O cronograma é uma forma muito usada, em função de razões tais como a agradável programação visual. Além disso, existem vários *softwares* especializados em sua montagem, com capacidade de demonstrar visualmente o processo de implementação do PEM em sua totalidade ao longo do tempo. Um exemplo de cronograma é mostrado na figura 15.

Figura 15
Cronograma

Atividade	Responsável	Mês					
		I	II	III	IV	V	VI
Atividade 1							
Atividade 2							
Atividade 3							
Atividade 4							
Atividade 5							
Atividade 6							

Existem dois modelos que utilizam a tecnologia de redes Pert/CPM (Ambrósio, 1999:64). São eles: a avaliação de programa e técnica de revisão e o método do caminho crítico. Basicamente, esses dois métodos consistem na colocação das atividades em redes, avaliando os prazos de execução, as folgas no processo e a alocação de recursos. Permitem a elaboração de um cronograma otimizado para o PEM. São métodos sofisticados que, muitas vezes, requerem o uso de *softwares* especializados, como o Microsoft Project. Infelizmente, os *softwares* não fazem tudo sozinhos. Ajudam, mas não dispensam o conhecimento das técnicas envolvidas.

A aprovação do PEM pela diretoria significa que o verdadeiro trabalho está começando. Com a implementação do PEM, o que foi planejado vai ser confrontado com a realidade.

O nível de qualidade da atividade de controle e acompanhamento da implementação do PEM faz diferença no resultado da organização. Quando se trabalha com cenários futuros, mesmo as melhores equipes de planejadores cometem erros. No entanto, eles se sobressaem pela rapidez e qualidade das medidas corretivas. O sucesso em produzir respostas rápidas de qualidade pode ser explicado, em parte, pela inclusão de planos de contingência no capítulo do PEM que trata dos controles.

Os planos de contingências ajudam a administração na tomada de decisões, pois descrevem quais ações devem ser desencadeadas em caso de adversidades, tais como greves ou outras situações de difícil equacionamento.

Tipos de controle

Na implementação de um PEM ocorrem muitos imprevistos. Para assegurar que os objetivos serão alcançados, é preciso um controle contínuo de todas as atividades. Vejamos os principais tipos de controle (Kotler, 2000:714).

- Controle do plano anual – verifica como está o desempenho do realizado *versus* o planejado, assegurando à empresa o atingimento das metas planejadas. Após a determinação das metas e da implementação das estratégias escolhidas, a organização deve, permanentemente, monitorar o resultado de suas ações no mercado, identificando os eventuais desvios e tomando as ações necessárias para corrigi-los em relação às metas estabelecidas.

- Controle da rentabilidade – verifica se as metas financeiras estão sendo atingidas. As organizações precisam avaliar financeiramente suas operações, pois os indicadores financeiros sempre são bons auxiliares na tomada de decisão sobre produtos, serviços ou promoções. Os controles financeiros indicam a rentabilidade relativa das diferentes divisões, unidades de negócios, canais, linhas de produtos, produtos ou outras entidades de marketing. Convém lembrar que eles são importantes e cada vez mais utilizados pelos profissionais de marketing para descobrir maneiras de aumentar a lucratividade sem precisar aumentar as vendas. Apesar disso, os índices financeiros não devem ser os únicos utilizados nas decisões de investimento em marketing.
- Controle da eficiência – verifica o nível de eficiência dos gastos com marketing. Ao realizar o controle da rentabilidade, pode ser detectado que determinados produtos ou mercados não estão apresentando a rentabilidade esperada. Surge então a questão de como gerir mais eficientemente os esforços de marketing da organização. A partir da análise dos mapas de lucratividade e das análises da eficiência da força de vendas, da propaganda, da promoção de vendas e da distribuição, encontraremos a resposta para a questão.

A análise da eficiência da propaganda no segmento-alvo (target) é considerada um desafio por muitos profissionais de marketing, principalmente para aqueles que tentam obter informações a partir da análise das despesas com mídia. Segundo Kotler (2000:723), complementarmente os profissionais deveriam acompanhar pelo menos as seguintes estatísticas:

- o custo da propaganda para cada mil compradores-alvo atingidos pelo veículo de comunicação;

- a porcentagem de público que percebeu, viu ou associou e leu a maior parte de cada anúncio impresso;
- a opinião dos consumidores sobre o conteúdo e a eficácia dos anúncios;
- a atitude em relação ao produto, medida antes e depois da exposição ao anúncio;
- número de consultas estimuladas pelos anúncios;
- custo por consulta.

A análise da eficiência da promoção de vendas é feita pelo acompanhamento e registro de todas as ações promocionais realizadas pela organização, desde suas despesas até a mensuração de seu impacto em termos de imagem, vendas e lucratividade. Só a análise atenta de todos os números pode mostrar os caminhos que podem ser repetidos e os que devem ser evitados. A análise da eficiência da distribuição implica que o profissional de marketing analise a logística de todos os componentes da cadeia produtiva, desde os fornecedores de matéria-prima até o consumidor final. Cada vez mais, a colaboração de todos os componentes de um canal vem se tornando decisiva para que todo o canal se torne mais competitivo.

- Controle estratégico – verifica se a organização está buscando as melhores oportunidades. Uma empresa pode estar obtendo excelentes resultados por aproveitar uma oportunidade não planejada, enquanto outra pode estar tendo dificuldades, apesar de possuir um excelente planejamento de marketing.

As organizações precisam criar ferramentas que lhes possibilitem avaliar as suas práticas em relação às das empresas mais bem-sucedidas do mercado (*benchmark*).

O *benchmarking* é um processo poderoso na definição de indicadores de performance (Martins et al., 2012), muitas vezes referenciados no mundo empresarial pela sigla "KPI" (do inglês *key performance indicators*). Se você necessitar de alguns indicadores específicos, há na internet bancos de dados bem amplos, como o Smart KPIs (The KPI Institute, s.d.).

A solução desses questionamentos pode advir de uma lista de checagem de aspectos importantes para o negócio. As respostas aos diferentes itens permitirão que se desenhe o perfil da organização, de tal maneira que as forças e fraquezas do negócio fiquem expostas, bem como o caminho que a organização deve seguir para melhorar sua performance.

Kotler (2000:727) sugere o contido no quadro 10, que separa as práticas de marketing conforme seus resultados. Para criar o perfil da organização, assinale nesse quadro o nível de performance em que o negócio está.

Quadro 10

Identificando o perfil da organização

Fraca	Boa	Excelente
Orientada para produtos	Orientada para o mercado	Orientada para o mercado
Orientada para o mercado de massa	Orientada para segmentos	Orientada para nichos e para clientes
Oferta de produtos	Oferta de produtos ampliada	Oferta de soluções para clientes
Qualidade de produtos média	Melhor que a média	Lendária
Qualidade de serviços média	Melhor que a média	Lendária
Orientada para o produto final	Orientada para os produtos principais	Orientada para as competências centrais
Orientada para funções	Orientada para processos	Orientada para resultados
Reação à concorrência	*Benchmarking* de concorrentes	Saltando à frente de concorrentes
Exploração dos fornecedores	Preferência a fornecedores	Parceria com fornecedores
Orientada para preços	Orientada para qualidade	Orientada pelo valor
Velocidade média	Melhor que a média	Lendária
Hierarquia	Rede	Equipes
Integrada verticalmente	Organização achatada	Alianças estratégicas
Orientada para os acionistas	Orientada para os *stakeholders*	Orientada para a sociedade

Fonte: Kotler (2000:730).

O controle por meio do *balanced scorecard* (BSC)

O método *balanced scorecard* surgiu da busca por um sistema que, além dos indicadores financeiros usuais, agregasse indicadores operacionais importantes para uma adequada avaliação da situação estratégica da organização. O sistema busca um equilíbrio no controle a partir de quatro perspectivas, mostradas na figura 16, que são processos internos, aprendizado e crescimento, clientes e financeira, mensurando itens tais como qualidade, produtividade, ciclo do processo produtivo e do desempenho da organização no desenvolvimento de novos produtos.

Figura 16
As quatro perspectivas do *balanced scorecard*

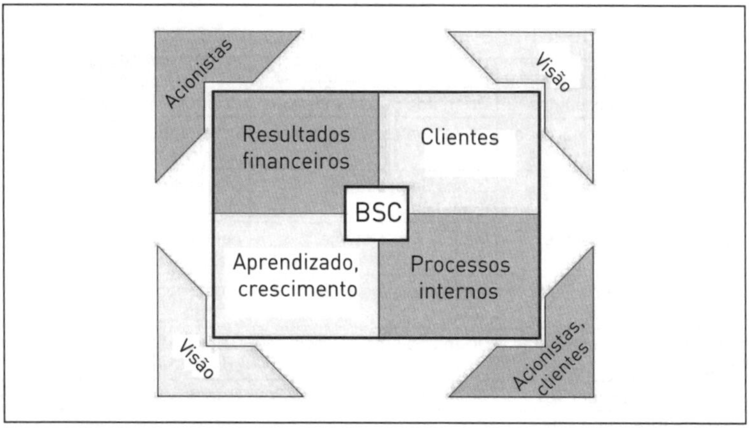

Fonte: adaptada de Kaplan e Norton (1997:10).

O BSC deve responder a alguns questionamentos:

- Para obter sucesso financeiro, como devemos ser vistos pelos nossos acionistas?
- Para alcançar nossa visão, como devemos ser vistos pelos nossos clientes?

- Para proporcionar satisfação aos nossos acionistas e clientes, em quais processos de negócios devemos alcançar a excelência?
- Para alcançar nossa visão, como sustentaremos nossa capacidade de melhorar?

O BSC é um modelo de integração da gestão corporativa, tanto no curto quanto no longo prazo, avaliando simultaneamente todas as unidades estratégicas de negócios e gerando para a administração uma melhoria constante no nível de conhecimento de toda a cadeia de valor da empresa (Kaplan e Norton, 1997).

A implementação do BSC começa pelo nível estratégico, o qual gera os indicadores que serão utilizados pelos demais níveis da organização, sempre observando a relação de causa e efeito das diversas perspectivas, buscando gerenciar um conjunto de objetivos harmônicos no contexto da organização. A busca da excelência que utiliza a abordagem do BSC ocorre por meio da implementação das ações medidas pelos indicadores de cada uma das perspectivas. A abordagem do BSC resulta na identificação de processos ou na criação de serviços e produtos totalmente novos, acarretando uma oferta de valor superior para os clientes e a melhoria dos resultados financeiros da organização.

Ênfase na execução

É fundamental que o planejamento esteja orientado para a execução. Na verdade, todo o trabalho realizado no planejamento só faz sentido se este for executado plenamente.

Há uma falsa dicotomia entre a estratégia e a tática, como se fosse papel do líder apenas planejar a estratégia. Ao contrário, cabe também ao líder da empresa a tarefa da execução, sendo esta uma nova e importante disciplina praticada pelas empresas de maior sucesso (Bossidy e Charan, 2005).

Charan (2007) destaca ainda que posicionar e reposicionar a empresa é uma das competências fundamentais do gestor responsável pela execução, o que implica grande envolvimento não só no desenho da estratégia, mas também com sua implantação, com ajustes que permitam os melhores resultados para o negócio.

Formatação do relatório do PEM

Há muitos formatos possíveis para um relatório de PEM, que irão variar conforme o propósito do relatório, o estilo dos planejadores ou da organização. A escolha do modelo de formatação é uma decisão de cada um. Nos dias de hoje, cada vez menos as empresas imprimem seus relatórios, preferindo uma apresentação digital das informações. No entanto, caso você decida imprimir o documento, ou mesmo melhor formatá-lo digitalmente, existem algumas orientações básicas, geralmente aceitas por todos, pois transmitem racionalidade e elegância (Westwood, 1996, cap. 6).

Capa do relatório

A capa é o primeiro contato das pessoas com o relatório e nada melhor que começar causando uma boa impressão. A escolha do tema da capa depende da imagem que queremos comunicar. A utilização de fotos pertinentes e capas especialmente desenhadas são bem-vindas nos relatórios de marketing, porque ajudam a vender a equipe de planejamento como criativa, sem perder a imagem de seriedade. Na capa, devem constar todas as informações relevantes a respeito do relatório, tais como o título (incluindo o nome da empresa e a abrangência do relatório) e a data ou período a que ele se refere. Um PEM tem muitas informações relevantes para os destinos da organização a que os concorrentes gostariam de ter acesso; portanto, precisa ser controlado. Por isso, não é raro encontrarmos também na capa a lista dos nomes a quem o relatório será distribuído, ou seja, quem terá acesso ao conteúdo confidencial. O nome na capa não deixa dúvidas acerca de quem pode ou não ter acesso ao PEM.

Encadernação

Caso haja impressão em papel, como o processo de planejamento é dinâmico e o PEM é constantemente objeto de reuniões e discussões, seria muito prática a adoção no dia a dia de um arquivo ou pasta com folhas soltas, que proporcionam mais flexibilidade na hora de fazer atualizações e modificações, até que seja definitivo. Afinal, o PEM é um instrumento de trabalho sujeito a intensas discussões. A forma de encadernação vai depender fundamentalmente do destino do relatório. Se a cópia for para uso interno, pode continuar com folhas soltas, mas, se for para uso externo, como ser remetido para a matriz, é melhor encaderná-lo. Enquanto o PEM estiver com as folhas soltas, é imprescindível que cada capítulo seja identificado, numerado e datado, para permitir uma rápida identificação da versão disponível do relatório e proporcionar uma boa organização do fluxo de informações.

Cabeçalhos e rodapés

Recomenda-se que, nos cabeçalhos e rodapés, se coloquem as informações básicas do PEM, como título e data da elaboração do relatório. No caso de relatórios com folhas soltas essa preocupação deve ser redobrada, pela facilidade de se perderem folhas e para saber se é a versão mais atualizada do documento.

Anexos

Quando o planejamento chega até o nível das unidades estratégicas de negócios, é frequente a necessidade de que sejam incorporados ao PEM itens tais como modelos, amostras, relatórios de pesquisas e mapas. Muitas vezes, esses itens são mais volumosos que o relatório em si. A inclusão no corpo do relatório irá truncar o fluxo de informações, cansando os leitores com dados irrelevantes. O recomendado é que no miolo do relatório só se coloquem os dados relevantes aos objetivos almejados pela organização. Por exemplo, numa pesquisa de mercado, é comum que os institutos especializados apresentem enormes relatórios. Se você incorporar essas pesquisas ao relatório, ele ficará deformado. Recomenda-se que você inclua no miolo do relatório somente os dados relevantes, fazendo referência ao relatório de pesquisa que segue anexado ao PEM. Assim, o relatório continua leve e atrativo à leitura. Todo material que for anexado deve ser relacionado e incluído no sumário do PEM.

Sumário do PEM

O sumário dos assuntos tratados, incluindo apêndices e anexos, com os números das páginas onde eles se encontram, deve ser inserido logo no início do relatório do PEM. Esse procedimento facilita o trabalho de consulta.

Sumário executivo ou resumo executivo

O sumário executivo não é o mesmo que o sumário antes referido. Trata-se de um resumo do propósito do PEM, que deve ser escrito logo no início do relatório, e que tem como objetivo indicar rapidamente aos leitores qual é o teor do relatório, sua abrangência, seus objetivos e metas. Caso o PEM seja muito conciso, o que é sempre um ideal a ser atingido, o resumo executivo perde a função e pode ser dispensado.

Redação

Deve ser simples, objetiva, concisa, usando a terminologia técnica pertinente somente quando indispensável. Como sugestão para tornar o texto mais leve sem perder a clareza, pode-se criar um glossário com os termos pouco conhecidos. No caso de abreviaturas, recomenda-se que o seu significado por extenso seja incluído na primeira aparição no relatório. O plano estratégico de marketing tem como finalidade ser uma ferramenta de trabalho; portanto deve ser compreensível, pois será lido e usado por uma infinidade de pessoas que não participaram da sua elaboração.

Títulos e subtítulos

O bom uso dos títulos e subtítulos facilita o entendimento dos usuários do relatório, pois cria um ordenamento, uma sequência lógica na apresentação das ideias. O uso de capítulos muito longos não é recomendável. O uso de itens curtos, como já foi visto, é o melhor.

Editoração

Recomenda-se a escolha de uma fonte de boa legibilidade como Arial ou Times New Roman, que devem ser usadas com um tamanho adequado (sugere-se corpo 12 para o texto normal). O uso de tabelas, fotos, gráficos e desenhos torna a leitura do relatório mais fácil e agradável. Os gabaritos (*templates*) contendo o logo da empresa e das marcas, tanto no relatório quanto nos *slides* de apoio à apresentação oral, ajudam a dar unicidade. O uso inteligente de cores pode dar destaque a temas relevantes ou facilitar a identificação de diferentes assuntos ou capítulos. Recomenda-se utilizar espacejamento duplo, para que anotações possam ser feitas nas entrelinhas. Pelo mesmo motivo, as margens também devem ser generosas e, caso o relatório tenha as folhas soltas, a margem esquerda deve ter no mínimo três centímetros de largura, para melhorar o arquivamento. Os parágrafos devem ser blocados. Para dar um aspecto profissional ao relatório, compre um papel de boa qualidade e use impressora jato de tinta ou *laser*. Lembre-se, a primeira impressão é visual.

Outros formatos para divulgação do PEM

Outros formatos podem ser utilizados na consolidação e divulgação do PEM. Como exemplo, podemos citar versões resumidas, preparadas em *softwares* de apresentação como o PowerPoint, extremamente úteis para disseminar os principais conceitos do PEM para colaboradores em reuniões de trabalho e *workshops*. Essas reuniões podem ser presenciais ou executadas por meios eletrônicos, como videoconferências.

É importante ainda mencionar a possibilidade de publicar o PEM em *intranets* ou sistemas similares. Com o uso de listas de divulgação e senhas de acesso, o PEM pode ser levado a equipes da empresa que estejam em filiais distantes de sua sede. Em muitos casos, é comum haver uma versão do PEM em outro idioma, usualmente inglês, como forma de permitir que os gestores de outros países acessem e partilhem o que foi planejado.

Técnicas de apresentação do PEM

Após a conclusão do relatório vem a apresentação. O relatório é apresentado com o intuito de obter a aprovação e o comprometimento das pessoas que, de alguma maneira, estarão envolvidas em sua posterior implementação.

Você terá pouco tempo para "vender o seu peixe". A apresentação não é uma versão oral do relatório escrito, mas a venda da ideia do PEM. O tempo deve ser predeterminado e o mais curto possível. Para isso, é preciso ensaiar a apresentação. Ela deve ser curta, não só para não ficar cansativa, mas também porque os detalhes relevantes deverão estar no relatório escrito.

O que faz a diferença são os detalhes. A imagem de seriedade ocorre à custa de muito trabalho e entrosamento com a equipe de apoio. Esteja preparado para as eventualidades, teste o equipamento e tenha material sobressalente.

Caso a audiência continue com perguntas e comentários após a apresentação, o mais recomendado é colocar-se à disposição para em outra ocasião prestar os esclarecimentos necessários. Ao deixar para outro momento os comentários mais longos, possibilitamos não cansar quem já considera a viabilidade do plano.

Os destinos do PEM podem mudar radicalmente dependendo da capacidade do expositor em transmitir entusiasmo e confiança, de sua capacidade de convencimento.

E, finalmente, lembre que a forma da apresentação deve variar de acordo com seu objetivo, e vai depender da cultura vigente e da audiência. Em todo caso, procure criar um ambiente que reflita seriedade e credibilidade. Lembre-se de que o bom humor não é incompatível com seriedade, assim como casos engraçados são úteis para descontrair e dar um "colorido especial" à apresentação.

O objetivo da apresentação é a venda da ideia, atraindo apoio, criando interesse.

As perguntas a seguir podem ajudá-lo na definição da forma da apresentação.

- Qual é a finalidade da apresentação?
- Qual é o público?
- O que você espera que seja lembrado?
- Que reação você espera do público?

Mais alguns aspectos importantes, detalhados a seguir, devem ser considerados.

- *Traje* – o vestuário deve ser adequado ao local e à audiência. Hoje em dia, o *dress code* é muito mais flexível nas empresas, mas vale lembrar que a imagem do apresentador e o valor que ele aparenta dar à apresentação são transmitidos ao conjunto. Portanto, cuidado com a aparência. Em algumas empresas mais informais, a criação de uniformes, tais como camisetas com logomarca, bonés e crachás funciona muito bem.
- *Abertura* – é o primeiro passo para a venda da ideia. Você deve procurar aumentar a expectativa a respeito do que vai ser tratado. Em uma apresentação também vale o ditado popular "a primeira impressão é a que fica".
- *Corpo da apresentação* – para ter uma boa apresentação, crie um roteiro estruturado a partir de uma sequência lógica dos assuntos a serem tratados. Defina o nível de detalhamento desejado. A abordagem utilizada vai variar de acordo com

seus objetivos e os de sua audiência. Em muitos casos, pode-se optar por não apresentar alguns itens do relatório escrito.

- *Fechamento* – tudo o que foi falado, desde a abertura, tem como objetivo criar o clima para um grande fechamento. No fechamento, ocorre a venda da ideia. É quando você consegue a aprovação ou não do relatório.
- *Quem apresenta* – a apresentação do PEM pode ser feita por apenas um dos integrantes da equipe de elaboração. Afinal, sempre se vai querer usar o melhor apresentador, aquele que pode causar um impacto positivo na plateia.
- *Apoio* – o apresentador, para ganhar tempo e demonstrar seriedade, deve trabalhar em equipe. Enquanto ele fala, outras pessoas da equipe estão trabalhando para que tudo transcorra da melhor maneira possível. Para enriquecer a apresentação, use apoio visual, como vídeos, *slides* ou animações projetadas em telas grandes, *flip chart* e quadro branco.
- *Degustação, amostras e brindes* – sempre que possível, é útil tornar a apresentação mais lúdica, por meio da experimentação dos produtos, da distribuição de amostras, brindes, *layouts* de embalagens, cópia dos anúncios e de outras peças promocionais que ajudam a cativar e envolver a audiência, tornando a apresentação mais rica e interessante.
- *Relaxamento* – uma apresentação bem-planejada, com bom material de apoio e bem-ensaiada, será provavelmente um sucesso. Então, tranquilize-se. Segurança e tranquilidade ajudam na apresentação.
- *Comportamento* – se você deseja empreender um novo produto, vender uma ideia, primeiro precisa vender sua imagem pessoal, pois as pessoas precisam saber que você tem o perfil de um parceiro de negócios confiável. Somente com um comportamento compatível com suas pretensões você conseguirá atrair parceiros interessados no desenvolvimento

comercial de sua ideia. Três princípios básicos devem nortear seu comportamento para obter cooperação e transformar seus eventuais interlocutores em parceiros: sensibilidade, perseverança e estar aberto a sugestões.

- *Sensibilidade* – a grande maioria das pessoas está disposta a lhe prestar algum tipo de ajuda, desde que o relacionamento com você seja agradável. Demonstre aos seus interlocutores que o tempo que despendem com você vale mais do que dinheiro. Não deixe de agradecer às pessoas pelo tempo que destinaram para trabalhar no PEM. Após uma reunião, enviar uma carta ou um e-mail de agradecimento é uma atitude simpática que facilita futuros contatos.

Conclusão

O PEM ainda é uma das melhores abordagens para se analisar o mercado, estabelecer objetivos consistentes, estratégias competitivas bem-formuladas e implementar ações. Tudo feito para obter diferenciação frente à concorrência e garantir um lugar de destaque num mundo de negócios cada vez mais competitivo.

A teoria e a prática do PEM certamente ultrapassam, em escopo e profundidade, o panorama aqui resumido. Mas podemos assegurar que o conteúdo aqui apresentado é suficiente para a realização de um PEM coerente e completo, no nível do praticado pelas empresas mundiais excelentes em planejamento.

A quem deseja se aprofundar na teoria do PEM, recomendamos a leitura dos livros selecionados na bibliografia. Procuramos listar tanto livros "clássicos", quanto também obras mais recentes e atualizadas.

Mas reforçamos que é na prática do planejamento que se aperfeiçoa o conhecimento. Pratique, planeje, implemente! Nós lhe desejamos todo o sucesso nessa caminhada!

Referências

ABELL, Derek F. *Administrando com dupla estratégia*. São Paulo: Pioneira, 1995.

AMBRÓSIO, Vicente. *Plano de marketing*: passo a passo. Rio de Janeiro: Reichmann & Affonso, 1999.

______. *Plano de marketing*: passo a passo: serviços. Rio de Janeiro: Reichmann & Affonso, 2002.

______. *Plano de marketing*: passo a passo. São Paulo: Pearson Prentice Hall, 2007.

ANSOFF, Igor H. *A nova estratégia empresarial*. São Paulo: Atlas, 1990.

______. *A nova estratégia empresarial*. São Paulo: Atlas, 1997.

ARMSTRONG, Gary; KOTLER, Philip. Princípios de marketing. 7. ed. Rio de Janeiro: LTC, 1995.

______. *Princípios de marketing*. 12. ed. São Paulo: Pearson Prentice Hall, 2007.

BAKER, Michael J. *Administração de marketing*. 5. ed. Rio de Janeiro: Elsevier, 2005.

BANGS JR., David H. *The market planning guide*. Chicago, IL: Upstart Publishing Company, 1995.

BASTA, Darci et al. *Fundamentos de marketing*. Rio de Janeiro: FGV Ed. 2003.

BLUE *ocean strategy*. [S.d.]. Disponível em: <www.blueoceanstrategy.com/> Acesso em: 4 mar. 2018.

BONOMA, Thomas V. *The marketing edge, making strategies work*. Nova York: The Free Press, 1985.

BORGES JR., Adilson A.; LUCE, Fernando B. Estratégias emergentes ou deliberadas: um estudo de caso com os vencedores do prêmio Top de Marketing da ADVB. *Revista de Administração de Empresas (RAE)*, São Paulo, v. 40, n. 3, p. 36-44, jul./set. 2000.

BOSSIDY, Larry; CHARAN, Ram. *Execução*. Rio de Janeiro: Elsevier, 2005.

BOTANA, Flávio. *Michael Porter*: uma estratégia competitiva para empresas brasileiras, 8 dez. 2009. Disponível em: <https://flaviobotana.wordpress.com/2009/12/08/michael-porter-uma-estrategia-competitiva-para-as-empresas-brasileiras/>. Acesso em: 19 fev. 2018.

BOYD, Harper W.; WALKER, Greville C. *Marketing management*. Homewood: Irwin, 1990.

BOYETT, Joseph; BOYETT, Jimmie. *O guia dos gurus*. Rio de Janeiro: Campus, 1999.

CHARAN, Ram. *Know-how*. Rio de Janeiro: Elsevier, 2007.

CHEVREUX, Laurent; LOPEZ, Jose; MESNARD, Xavier. The best companies know how to balance strategy and purpose. *Harvard Business Review*, 2 nov. 2017. Disponível em <https://hbr.org/2017/11/the-best-companies-know-how-to-balance-strategy-and-purpose>. Acesso em: 22 mar. 2018.

CHURCHILL JR., Gilbert; PETER, J. Paul. *Marketing*: criando valor para os clientes. São Paulo: Saraiva, 2000.

COBRA, Marcos. *Plano estratégico de marketing*. São Paulo: Atlas, 1989.

COHEN, William A. *The marketing plan*. Nova York: John Wiley & Sons, 1995.

COLLINS, James C.; PORRAS, Jerry I. *Feitas para durar*. Rio de Janeiro: Rocco, 1995.

CONTADOR, José C. Recomendações sobre o processo de planejamento estratégico. *Revista de Administração de Empresas (RAE)*, São Paulo, v. 35, n. 3, p. 39-48, maio/jun. 1995.

CROSS, Wilbur. *Encyclopedic dictionary of business terms*. Englewood Cliffs: Prentice-Hall, 1995.

DAVID, Fred R. *Strategic management*. Upper Saddle River, NJ: Prentice Hall, 1995.

DORNELAS, José C. A. *Empreendedorismo*: transformando ideias em negócios. Rio de Janeiro: Campus, 2001.

DRUCKER, Peter. *Administração:* tarefas, responsabilidades e práticas. São Paulo: Pioneira, 1995.

_____. *Desafios gerenciais para o século XXI*. São Paulo: Pioneira, 1999.

_____. *Sociedade pós-capitalista*. São Paulo: Actual, 2008.

ENDEAVOR BRASIL. *Como construir e executar o seu planejamento estratégico*. [S.d.]. Disponível em: <http://info.endeavor.org.br/ebook-construir-executar-planejamento-estrategico>. Acesso em: 15 fev. 2018.

_____. *Mangement*: tasks, responsabilities and practices. Nova York: Harper & Row, 1973.

EVANS, Philip. Strategy, the end of the endgame? *Journal of Business Strategy*, Nova York, v. 21, n. 6, p. 12-16, nov./dez. 2000.

FALCONI, Vicente. *O verdadeiro poder*. Nova Lima: INDG, 2009.

FARRIS, Paul W. et al. *Métricas de marketing*: mais de 50 métricas que todo executivo deve dominar. Porto Alegre: Bookman, 2006.

FERREIRA, Aurélio B. de H. *Novo dicionário da língua portuguesa*. Rio de Janeiro: Nova Fronteira, 1986.

FISH, Peter. *O gênio do marketing*. Porto Alegre: Bookman, 2008.

FREIBERG, Kevin; FREIBERG, Jackie. *Nuts!* São Paulo: Manole, 2000.

FRIEDMAN, George. *Os próximos 100 anos*. São Paulo: Best Business, 2008.

GHEMAWAT, Pankaj. *A estratégia e o cenário dos negócios*. Porto Alegre: Bookman, 2000.

GITMAN, Lawrence J. *Princípios de administração financeira*. 7. ed. São Paulo: Harbra, 2002.

HIEBING JR., Roman; COOPER, Scott W. *The successful marketing plan*. Lincolnwood: NTC Business Books, 1996.

HUNT, Shelby D. *Modern marketing theory*. Cincinnati, OH: South--West Publishing, 1991.

JOYCE, Paul. *Strategic management for public services*. Buckingham: Open University Press, 1999.

KAPLAN, Robert S.; NORTON, David. *A estratégia em ação*: balanced scorecard. Rio de Janeiro; Campus, 1997.

_____; _____. Having trouble with your strategy? Then map it. *Harvard Business Review*, Boston, MA, v. 78, n. 5, p. 167-176, set./out. 2000.

KIM, Chan W.; MAUBORGNE, Renée. *A estratégia do oceano azul*. Rio de Janeiro: Elsevier, 2005.

_____; _____. *A transição para o oceano azul*. Rio de Janeiro: Sextante, 2017.

_____; _____. *Blue ocean tools*. [S.d.]. Disponível em: <www.blueoceanstrategy.com/tools/>. Acesso em: 19 fev. 2018.

KOTLER, Philip. *Administração de marketing*. São Paulo: Atlas, 1996.

_____. *Administração de marketing*. São Paulo: Prentice Hall, 2000.

_____; KARTAJAYA; SETIAWAN, I. *Marketing 4.0*: do tradicional ao digital. Rio de Janeiro: Sextante, 2017.

_____; KELLER, Kevin L. *Administração de marketing*. 12. ed. São Paulo: Pearson Prentice Hall, 2006.

_____; _____. *Administração de marketing*. 15. ed. São Paulo: Pearson Prentice Hall, 2015.

LIMA, Miguel et al. *Gestão de marketing*. Rio de Janeiro: FGV Ed., 2003.

LOBATO, David M. et al. *Estratégia de empresas*. Rio de Janeiro: FGV Ed., 2003.

MARQUES, José Roberto. Diferença entre missão de vida e propósito. *JRM*, 4 abr. 2017. Disponível em: <www.jrmcoaching.com.br/blog/diferenca-entre-missao-de-vida-e-proposito/>. Acesso em: 22 mar. 2018.

MARTINS, Tomas S. et al. *Administração e planejamento estratégico*. Curitiba: Intersaberes, 2012.

MATTAR, Fauze; SANTOS, Dílson. *Gerência de produtos*. São Paulo: Atlas, 1999.

MCDONALD, Malcolm H. B. *Planos de marketing*: como preparar, como usar. Rio de Janeiro: JB, 1993.

_____. *Marketing plans*: how to prepare them, how to use them. 6. ed. Burlington, NJ: Elsevier, 2007.

_____. *Planos de marketing*: como preparar, como usar. 6. ed. Rio de Janeiro: Campus, 2008.

MESQUITA, Renato. O círculo dourado: o segredo dos grandes líderes para inspirar seus apoiadores. *Marketing de conteúdo*, 15 set. 2014. Disponível em <https://marketingdeconteudo.com/o-circulo-dourado/> Acesso em: 22 mar. 2018.

MICELI, André L.; SALVADOR, Daniel O. *Planejamento de marketing digital*. Rio de Janeiro: Brasport, 2017.

MINTZBERG, Henry. *The rise and fall of strategic planning*. Nova York: The Free Press, 1994.

_____; ASHLSTRAND, Bruce; LAMPEL, Joseph. *Safári de estratégia*. Porto Alegre: Bookman, 2000.

_____; QUINN, James B. *The strategic process*: concepts, contexts, cases. Upper Saddle River, NJ: Prentice Hall, 1996.

NOGUEIRA, Cleber S. (Org.). *Planejamento estratégico*. São Paulo: Pearson, 2015.

NOLAN, Mark. *Plano de marketing instantâneo*. Rio de Janeiro: Axcel Books, 1995.

OLIVEIRA, Djalma de P. R. *Planejamento estratégico*. São Paulo: Atlas, 1987.

OSTERWALDER, Alexander; PIGNEUR, Yves. *Business model generation*: inovação em modelos de negócios. Rio de Janeiro: Alta Books, 2011.

PARKER, Geoffrey et al. *Plataforma*: a revolução da estratégia. São Paulo: HSM Brasil, 2016.

PORTER, Michael E. *Estratégia competitiva*. Rio de Janeiro: Campus, 1986.

______. *Vantagem competitiva*. Rio de Janeiro: Campus, 1989.

______. What is strategy? *Harvard Business Review*, Boston, MA, p. 61-78, nov./dez. 1996.

______. *Competição*. Rio de Janeiro: Campus, 1999.

______. *Uma estratégia competitiva para empresas brasileiras*. [S.d.]. Disponível em: <http://br.hsmglobal.com/artigos/michael-porter-uma-estrategia-competitiva-para-empresas-brasileiras>. Acesso em: 25 fev. 2010.

PRAHALAD, C. K. *A riqueza na base da pirâmide*. São Paulo: Bookman, 2009.

______; HAMEL, Gary. *Competindo pelo futuro*. São Paulo: Campus, 1997.

PULIZZI, Joe. *Conteúdo S.A.* São Paulo: DVS, 2017.

RIES, Al. *Foco*. São Paulo: Makron Books, 2000.

______; TROUT, Jack. *Posicionamento*: a batalha pela sua mente. São Paulo: Pioneira Thomson, 2001.

ROSENWALD, Peter J. *Accountable marketing*: otimizando resultados dos investimentos em marketing. São Paulo: Pioneira Thomson, 2005.

SEBRAE. *O que é uma startup?* [S.d.]. Disponível em: <www.sebrae.com.br/sites/PortalSebrae/sebraeaz/o-que-e-uma-startup,616913074c0a3410VgnVCM1000003b74010aRCRD>. Acesso em: 17 fev. 2018.

SILVA, Helton H. Carneiro da. *O plano de marketing e a pequena empresa*: um estudo exploratório sobre o planejamento de marketing em pequenas empresas varejistas de materiais de construção da grande São Paulo. Tese (doutorado) – Escola de Administração de Empresas de São Paulo, Fundação Getulio Vargas, São Paulo, 2001.

______. Em busca do oceano azul. *Share Marketing Group*, [s.d.]. Disponível em: <www.smgmarketing.com.br/consultoriaemmarketing/portugues/livros/resenha-a-estrategia-do-oceano-azul.html>. Acesso em: 19 fev. 2018.

SINEK, Simon. *Por quê?* Como motivar pessoas e equipes a agir. São Paulo: Saraiva, 2011.

SKACEL, Robert K. *Plano de marketing*. São Paulo: Nobel, 2005.

THE KPI INSTITUTE. *Smart KPIs*. [S.d.]. Disponível em: <https://smartkpis.kpiinstitute.org/kpi-examples>. Acesso em: 19 fev. 2018.

THIEL, Peter. *De zero a um*. Rio de Janeiro: Objetiva, 2014.

THOMPSON, Arthur. *Planejamento estratégico*: elaboração, implementação e execução. São Paulo: Pioneira, 2000.

TREACY, Michael; WIESERMA, Fred. *A disciplina dos líderes de mercado*: escolha seus clientes, direcione seu foco, domine seu mercado. Rio de Janeiro: Rocco, 1995.

TROUT, Jack; RIVKIN, Steve. *O novo posicionamento*. São Paulo: Makron Books, 1996.

TRU GROUP. *Ocean strategy, red or blue, belongs in the dead sea!* [s.d.]. Disponível em: <http://trugroup.com/WHITEPAPERS/TRU-Blue-Ocean-Strategy.pdf>. Acesso em: 17 fev. 2018.

UNILEVER. *Arisco*, [s.d.]. Disponível em: <www.unilever.com.br/brands/our-brands/arisco.html>. Acesso em: 22 mar. 2018.

URDAN, Flávio T.; URDAN, André T. *Gestão do composto de marketing*. São Paulo: Atlas, 2006.

VAZ, Conrado A. *Os 8 P's do marketing digital*. São Paulo: Novatec, 2011.

VERGARA, Sylvia C. *Gestão de pessoas*. 8. ed. São Paulo: Atlas, 2009.

WESTWOOD, John. *O plano de marketing*. São Paulo: Makron Books, 1992.

______. *Como preparar um plano de marketing*. São Paulo: Clio, 1996.

WHITTINGTON, Richard. *O que é estratégia*. São Paulo: Pioneira Thomson Learning, 2002.

Os autores

Helton Haddad Silva

Doutor e mestre em administração de empresas pela Escola de Administração de Empresas de São Paulo da Fundação Getulio Vargas (Eaesp-FGV), com pós-graduação em marketing pela Escola Superior de Propaganda e Marketing (ESPM) e especialização em *advanced marketing* pela State University of New York. Bacharel em administração de empresas pela Eaesp-FGV. Consultor em mais de 500 projetos de planejamento e implantação de marketing. Foi gerente de marketing do Citibank. Atua academicamente desde 1992. Professor da Eaesp-FGV desde 1995. Professor convidado do FGV Management desde 1997.

Evandro Cesar Tenca

Mestre em administração de empresas pela Escola de Administração de Empresas de São Paulo da Fundação Getulio Vargas (Eaesp-FGV), com pós-graduação pela J. W. Goethe Universität (Frankfurt, Alemanha). Bacharel em administração de empresas pela Faculdade de Economia, Administração e Contabilidade da Universidade de São Paulo (FEA-USP). Consultor, tendo coordenado inúmeros projetos de planejamento estratégico em empresas de diversos setores da economia, com ênfase nas áreas de serviços e tecnologia. Professor convidado do FGV Management desde 1998.

Paulo Henrique Schenini

Mestre e especialista em administração pela Pontifícia Universidade Católica do Rio de Janeiro (PUC-Rio). Bacharel em economia, administração pública e de empresas pela Universidade Federal do Rio Grande do Sul (UFRGS). Professor convidado do FGV Management. Trabalhou por mais de 15 anos em empresas de grande porte como gerente e diretor.